Pierdomenico Baccalario/Federico Taddia
50 kleine Revolutionen,
mit denen du die Welt (ein bisschen) schöner machst

Pierdomenico Baccalario ist ein italienischer Bestsellerautor, seine Kinder- und Jugendbücher wurden in viele Sprachen übersetzt. Dieses Handbuch hat er mit seinem Kollegen **Federico Taddia** geschrieben.

AntonGionata Ferrari ist einer der bekanntesten italienischen Illustratoren.

Pierdomenico Baccalario/Federico Taddia

50 kleine Revolutionen, mit denen du die WELT ein bisschen schöner machst

Aus dem Italienischen von Sophia Marzolff
Illustriert von AntonGionata Ferrari

ANLEITUNG ZU DIESEM BUCH:
WAS IST EINE REVOLUTION?

Es mag dir komisch vorkommen, dass ein Buch über Revolutionen mit einer Anleitung beginnt. Aber selbst Revolutionen brauchen eine, wenn sie etwas bewirken sollen. Schon das Wort »Revolution« selbst ist speziell, denn es kann eine gewollte Veränderung eines unguten Zustands bezeichnen (manchmal sogar durch Gewalt, wie bei der Französischen Revolution, die du vielleicht in der Schule durchgenommen hast), oder es steht für einen grundlegenden Wandel in der Lebensweise von Menschen. Die Erfindung des Pflugs, der von Ochsen gezogen wurde, war eine Revolution (denn vorher musste man die Felder von Hand bearbeiten), auch die Erfindung der Dampfmaschine (vorher fuhren keine Züge), des Verbrennungsmotors (ab da gab es Automobile) oder des Internets (wenn man früher jemanden sehen wollte, musste man sich persönlich treffen).
In diesem Buch geht es um beide Bedeutungen des Wortes »Revolution«. Versuche, bewusst zu handeln: Welche Dinge musst du hinnehmen und welche könntest du verändern, ja vielleicht sogar verbessern? Finde heraus, welche du *revolutionieren* willst (natürlich ohne Gewalt). Dabei solltest du bereit sein, Folgendes zu tun:

1) **Dich verändern.** Um unsere 50 kleinen Revolutionen durchzuführen, muss man bestimmte Dinge anders machen als die meisten Menschen. Das heißt, du wirst dich auch anders fühlen.

2) **Nicht jammern.** Keiner mag Leute, die immer nur herumjammern, und zu einem Revolutionär passt das schon gar nicht! Also Schluss mit Genörgel und Gestöhne und »Das kann ich nicht ...« – und her mit einem Lächeln oder, wenn du nicht so

gern lächelst, zumindest mit einer entschlossenen Miene!

3) Zusammenarbeiten. In einer Revolution zählt weniger das Ich als das Wir, die Gemeinschaft, die Freunde, die mit dir zusammen etwas bewegen wollen. Eine Revolution kann zwar mit einem Einzelnen beginnen, ist aber mit vielen Menschen am wirkungsvollsten. Egal, ob ein kleiner Junge mitmacht oder ein Erwachsener – du wirst sehen: Wenn du neue Ideen anbringst, wirst du andere dafür begeistern. Und wie toll ist das: du und eine ganze Freundesclique, die gemeinsam die Welt verändern wollen! Denk dir schon mal einen Namen für eure Bewegung aus.

4) Mit Hindernissen rechnen. Es kann sein, dass andere sich erst einmal über dich lustig machen oder sich dir sogar in den Weg stellen. Mach dir nichts daraus. In Wahrheit hast du die Spötter aufgeschreckt. Und wenn du deine Ideen in aller Ruhe vertrittst, ohne dich provozieren zu lassen (wie es auch die größten Revolutionäre der Geschichte geschafft haben), dann wirst du sehen, dass deine anfänglichen Gegner früher oder später mitmachen wollen.

5) Handeln. Also Ärmel hochkrempeln! Veränderungen kommen nicht von allein. Du musst im Kleinen anfangen. Und was sind deine Waffen? Deine guten Ziele und Absichten!

DIE SIEBEN GOLDENEN REGELN

3. Bleibe gelassen und unverzagt. Nicht immer gelingen deine Revolutionen auf Anhieb. Sei geduldig und probiere es erneut.

1. Hole dir einen Freund oder eine Freundin hinzu. Er oder sie wird das erste Mitglied deiner Gruppe.

4. Lerne, Fragen zu stellen. Wenn man dir aufträgt, etwas Bestimmtes zu tun, frage nach dem Grund. Frage auch, wenn du Zweifel hast und etwas nicht verstehst. Wenn du etwas nicht weißt, dich verloren oder betrogen fühlst, frage nach! Die richtigen Fragen sind ein Schlüssel, mit dem sich alle Türen öffnen lassen.

2. Nutze deine Zeit gut. Zeit ist die wahre Weltwährung, denn wir besitzen sie alle im gleichen Maß. Zeit lässt sich weder besteuern noch vererben, und auch nicht verzinsen. Und sie wird nicht zurückerstattet. Gebrauche sie also gut.

5. Höre auf andere. Eine Revolution zu machen, heißt nicht, um jeden Preis ungehorsam zu sein. Man sollte verstehen, was es bedeutet, Anweisungen zu geben und zu empfangen, und man sollte gute von schlechten Anweisungen unterscheiden können. Und von solchen, die gar keine sind. (Zum Beispiel kann man niemandem befehlen, unbedingt einen bestimmten hippen Rucksack für die Schule zu kaufen. Das ist eine reine Modefrage – und womöglich Quatsch.)

6. Schiebe nicht anderen die Schuld zu. Wenn irgendetwas passiert oder nicht klappt, muss nicht zwangsläufig jemand schuld daran sein. Lerne, dein eigenes Tun kritisch zu bewerten und dafür Verantwortung zu übernehmen.

7. Denke auch an andere. Vielleicht hast du schon manchmal gehört, wie wichtig und einzigartig du bist. Das bedeutet allerdings nicht, dass du besser als andere bist. Wirklich besondere Menschen sind die, die andere miteinbeziehen. Wenn du also eine wichtige Sache angehst, achte darauf, dass sie auch für deine Mitmenschen wichtig ist.

UNVERZICHTBARE DINGE

Jacke und Hosen mit Taschen
Wenn deine Klamotten Taschen haben, kannst du Dinge hineinstecken, andernfalls nicht. Ziehe also etwas mit möglichst vielen Taschen an (und mit möglichst wenig Löchern).

Kalender
Besorge dir einen Kalender, um deine Revolutionen gründlich zu planen. Gut eignet sich ein Wandkalender, der vielleicht über deinem Bett hängt. Viele Revolutionen brauchen eine gewisse Zeit, bis man sie realisiert hat, andere müssen häufig wiederholt werden. Zur Erinnerung also am besten in den Kalender eintragen.

Notizbuch
Ein Notizbuch ist ähnlich nützlich wie ein Kalender – auch um deine revolutionären Kontaktdaten zu notieren. Die deiner Gruppe oder von anderen, mit denen ihr zusammenarbeitet.

Uhr
Für eine Revolution ist der richtige Zeitpunkt wichtig, eine Uhr ist also in jedem Fall hilfreich.

 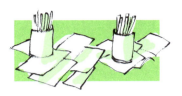

Fotoapparat
Falls du kein Handy mit Kamerafunktion besitzt, besorge dir, wenn möglich, einen Fotoapparat. Am besten einen kleinen, der gut in eine Hosen- oder Jackentasche passt und beim Auslösen kein lautes Geräusch verursacht.

Papier und viele Stifte
Eine Menge Papier – am besten Recycling- oder Schmierpapier (siehe Revolution 44) –, denn beim Pläneschmieden gibt es viel zu schreiben, auszuradieren und neu zu entwerfen.

Aufnahmegerät
Hier gilt das Gleiche wie beim Fotoapparat. Es gibt ganz kleine Geräte, die den Ton auf einen Memory-Stick speichern. Später kann man ihn dann auf den Computer laden.

Computer
Du solltest Zugang zu einem Computer haben – sei es zu Hause, in der Schule oder in der Bibliothek – und dich damit auskennen. Lerne, mit Schreib- und Grafikprogrammen Plakate und Flyer zu gestalten und im Internet zu recherchieren.

FÜNF REVOLUTIONÄRE INHALTE

Alle in diesem Buch vorgeschlagenen Revolutionen können allein oder mit Freunden durchgeführt werden. Wir empfehlen dir, dich mit Freunden zusammenzutun. Aber wenn du es nicht gleich schaffst, eine Gruppe zu versammeln, lass dich nicht entmutigen, sondern fange einfach als Erster oder Erste an. Die anderen werden schon nachkommen.

Revolutionen brauchen manchmal eine gewisse Vorbereitung, weshalb du unseren Text jeweils aufmerksam lesen solltest. Außerdem dauern sie unterschiedlich lang. Einige muss man nur einmal durchführen, andere zehn- oder hundertmal. Es gibt auch Revolutionen, die einen langfristigen Verhaltenswandel bewirken ... und für die Ewigkeit sind!

Manche Revolutionen sind ganz einfach, andere nicht. Aber fast alle betreffen fünf wichtige Inhalte, die wir in diesem Buch jeweils mit 1 bis 5 Punkten bewertet haben. Dabei steht 1 für »schwach« und 5 für »sehr stark«. Hier sind diese Inhalte:

1. Aufmüpfigkeit. Hin und wieder musst du Autoritäten, unsinnige Regeln oder dumme Gewohnheiten missachten, wenn sie nur einer gedankenlosen Mode folgen.

2. Umweltschutz. Wenn ein Verhalten ökologisch und nachhaltig ist, Geld und Energie spart, wenn weniger und besser konsumiert wird – kurz, wenn unser Planet geschützt wird.

3. Die gute Tat. Hier geht es darum, dass etwas für andere Menschen getan wird. Man kann Dinge für sie herstellen, ihnen Zeit und Zuneigung widmen, Arbeiten für sie erledigen und ihnen helfen, ohne im Gegenzug etwas von ihnen zu verlangen. Es geht darum, zuzuhören, zu lernen oder jemandem etwas beizubringen.

5. Neuentdeckung. Man lernt Neues kennen, wenn man sich auf etwas einlässt. Dann begreift man, wie es funktioniert, wo es herkommt und warum es kostet, was es eben kostet. Man entdeckt Neues, wenn man sich seriöse Nachrichten sucht und sich informiert. Neugier ist das Gegengift gegen Falschmeldungen.

4. Verzicht. Viele Dinge um uns herum sind bequem und schön und allein deswegen begehrenswert. Darüber hinaus haben sie jedoch keinen Nutzen. Manchmal ist es schwer, auf solche Dinge zu verzichten. Aber wenn man es einmal geschafft hat, vermisst man sie meistens gar nicht. Denn oft ist weniger mehr.

DIE 50 REVOLUTIONEN

REVOLUTION 01

Verzichte auf den Kauf von Wasserflaschen aus Plastik

Wasser ist enorm wichtig für die Gesundheit, und man muss genug davon trinken. Aber was heißt eigentlich »genug«? Ein erwachsener Mensch sollte ungefähr eineinhalb Liter am Tag trinken. Ein Kind etwa einen Liter. Wir haben Glück, dass es bei uns genügend Wasser gibt. Überall findet man welches und von jeder Sorte: stilles, leicht sprudelndes, mit Kohlensäure versetztes oder sogar aromatisiertes … und alles in praktischen kleinen Flaschen. Aber diese Fläschchen produzieren Unmengen von Müll!

Stell dir vor, dass jede Meeresschildkröte mindestens einmal in ihrem Leben Plastik zu schlucken bekommt!

Und wusstest du, dass es mitten

im Pazifik eine ganze Insel aus Plastik gibt? Nein? Sie heißt Trash Pacific Vortex und besteht aus Millionen kleiner Plastikflaschen, wie wir sie jeden Tag verwenden. Ja, denn im Durchschnitt verbraucht jeder Deutsche etwa 190 Einweg-Plastikflaschen im Jahr. Viel zu viele. Also Schluss damit, nicht wahr?

Besorge dir stattdessen einen Wasserbehälter aus Glas oder Metall, oder verwende nur noch ein einziges Plastikfläschchen, und zwar immer wieder dasselbe. Schreibe mit wischfestem Stift deinen Namen darauf – dann ist es DEINE Flasche.
Such dir eine Flasche aus, die dir gefällt, zum Beispiel eine aus Aluminium oder eine mit Trinkverschluss, oder schafft euch – wenn ihr eine Gruppe seid – alle die gleiche Flasche an. Bewahre sie in deinem Rucksack auf (es gibt auch welche mit einem Haken zum Befestigen) oder in der Tasche deiner Lieblingsjacke. Überprüfe den Stand des Inhalts, dann hast du bald heraus, wie oft du sie nachfüllen musst, um die richtige Menge zu trinken.
In der Regel eignet sich Leitungswasser dafür übrigens hervorragend, es ist häufig sogar besser als das gekaufte. Oft sind auch die Brunnen in deiner Stadt gut geeignet. Informiere dich über die Wasserqualität vor Ort.
Denke daran, die Flasche ab und zu auszuspülen, denn durch den ständigen Mundkontakt können sich Bakterien ansiedeln, die den

Geschmack des Wassers beeinträchtigen. Und schließe immer fest den Deckel, damit du kein Wasser vergeudest und dich nicht nass machst!
Um diese Revolution durchzuführen, veranstaltet ihr am besten einen kleinen Wettbewerb und beobachtet gemeinsam eure Fortschritte.

Eine weitere Herausforderung: Und wo du schon dabei bist... Mache Jagd auf leere Plastikflaschen! Pfandflaschen bringe zurück in ein Geschäft. Alle anderen knicke zusammen und wirf sie in den Plastikcontainer.

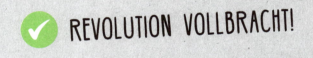

Finde mit dieser Rechenformel heraus, wie viel du täglich trinken musst:

Dein Gewicht ____ x 0,03 = _____ Liter Wasser pro Tag

_____

Fassungsvermögen deiner Trinkflasche = _____

So oft musst du die Flasche am Tag nachfüllen: _____

WERTUNG		AUFWAND
Aufmüpfigkeit	●	Gering
Umweltschutz	● ● ● ● ●	**DAUER**
Die gute Tat	●	Langfristiger Verhaltenswandel
Verzicht	● ● ● ● ●	
Neuentdeckung	● ● ●	

BUCHTIPP
Im Zeichen des weißen Delfins von Gill Lewis

REVOLUTION 02

Merke dir zu jedem Land der Welt ein Wort

Deutschland, Italien, USA, England, Griechenland, Japan, Russland ... Wie viele Länder gibt es auf der Erde? Es sind rund 206 Nationen, und davon sind 196 souveräne Staaten. Zunächst kannst du herausfinden, was der Unterschied zwischen Nationen und souveränen Staaten ist. Und dann beschäftigst du dich mit denen, die du am wenigsten kennst. Jedes Land hat seine Besonderheiten und Schönheiten. Widme dich vielleicht zuerst den allerkleinsten. Besorge dir eine Weltkarte in Postergröße und arbeite dich von Kontinent zu Kontinent vor. Suche für jedes Land der Erde ein typisches Wort in seiner Landessprache. Merke es dir, erzähle es weiter, schreibe es auf. Achtung, viele Länder besitzen eigene Schriftzeichen oder Symbole! Finde heraus, wie man das Wort ausspricht und was es bedeutet. Am besten suchst du im Internet danach oder in den Reisebüchern deiner Stadtbibliothek.

REVOLUTION VOLLBRACHT!

Notiere hier die zehn Wörter, die dir am besten gefallen.

Das Wort in der Originalsprache (oder Originalschrift!)	Aussprache	Bedeutung
1)	....	....
2)	....	....
3)	....	....
4)	....	....
5)	....	....
6)	....	....
7)	....	....
8)	....	....
9)	....	....
10)	....	....

WERTUNG		AUFWAND
Aufmüpfigkeit	●	Mittel
Umweltschutz	●	**DAUER**
Die gute Tat	●	206 Mal
Verzicht	●	
Neuentdeckung	● ● ● ● ●	

BUCHTIPP

In 80 Tagen um die Welt von Jules Verne

REVOLUTION 03

Probiere einmal einen traditionellen Beruf aus

Wir leben in einem Zeitalter der Technologien, des Computers und des Smartphones, doch auch Tätigkeiten aus früheren Zeiten sollten nicht vergessen werden. Hier kommst du ins Spiel: Deine Revolution der Woche ist … einen alten Beruf zu erlernen!

Du könntest beispielsweise in einem Kaufmannsladen aushelfen. Aber am besten fragst du einen Handwerker, der wie früher arbeitet, zum Beispiel einen Uhrmacher mit Pinzette und Lupe, einen Schneider mit Nadel, Faden und Kreide oder einen Schuster mit Hammer und Ledernähmaschine. Lass dich von einem Erwachsenen begleiten, gehe in die entsprechende Werkstatt und bitte den Meister oder die Meisterin, dir etwas beizubringen. Er oder sie (Meister oder Meisterin) soll dich in die Geheimnisse seines oder ihres Berufes einweihen. Ihr werdet Weidenruten flechten, eine Borte abmessen, eine Töpferscheibe drehen und vielleicht sogar Glas blasen. Wenn du weniger als die Hälfte dieser Wörter kennst, hast du es dringend nötig! Als Gegenleistung hilfst du dem Handwerker bei kleinen alltäglichen Arbeiten, um die er dich bittet.

Du musst nicht gleich das ganze Handwerk erlernen, nur eine Einzelheit, die er für dich aussucht – aber es sollte so sein, wie er oder sie es noch selbst gelernt hat, also traditionell, ohne moderne Hilfsmittel und in Handarbeit. Alles klar?

Wenn dich die Sache richtig packt, schaue im Internet nach einer Liste verschwundener Berufe und versuche, einen davon wiederzubeleben. Zum Beispiel den »menschlichen Wecker«. Das war jemand, der an Türen und Fenster von Leuten klopfte, die geweckt werden wollten. Weniger genau als ein Smartphone, aber mit Sicherheit nicht so leicht auszuschalten!

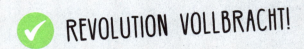
REVOLUTION VOLLBRACHT!

Schreibe hier den Namen des Handwerkers auf, seine Tätigkeit und was er oder sie dir beigebracht hat.

WERTUNG		AUFWAND
Aufmüpfigkeit	● ● ●	Mittel
Umweltschutz	●	
Die gute Tat	● ●	**DAUER**
Verzicht	● ●	1 Woche
Neuentdeckung	● ● ●	

BUCHTIPP
Über kurz oder lang von Marie-Aude Murail

REVOLUTION 04

Erstelle eine Geräuschekarte deiner Stadt

Hier war früher mal ein Acker...« So etwas hört man oft, nicht wahr? Und es stimmt: Früher waren die Orte, an denen wir heute leben, voller Felder, Bäume, Bäche und Wiesen, an deren Stelle sich jetzt viel befahrene Straßen befinden. Welche Geräusche gibt es in deinem Wohnort? Wenn du sie erforschst und in einer Karte verzeichnest, kommst du dem wahren Wesen deiner Stadt auf den Grund und kannst dich gegen »akustische Umweltverschmutzung« wehren. Denn auch Lärm ist eine echte Umweltverschmutzung, die unserer Gesundheit und der Natur schadet. Beginne als schlaue Revolutionärin oder entschlossener Revolutionär, dich diesem Thema zu widmen!

Und so sieht deine Revolution aus: Sprich die Leute an, die bei ihren Aktivitäten großen Lärm machen und keine Rücksicht auf andere nehmen, und rede ihnen ins Gewissen. Achte auch auf andere Geräusche in deiner Umgebung.

Um eine Geräuschekarte von deinem Wohnort zu erstellen, brauchst du:
- mindestens einen Mithelfer und einen Erwachsenen, der euch begleitet
- einen Stadtplan
- eine Uhr mit Stoppfunktion
- ein Smartphone mit einer Aufnahme-App.

Schau dir zunächst den Stadtplan an und überlege, welches die lautesten Gegenden sein könnten: zum Beispiel der Bahnhof, eine Baustelle, ein Industriegebiet. Dann gibt es Orte, die je nach Uhrzeit unterschiedlich laut sind: der Marktplatz, das Fußballstadion, der Kirchplatz, der Schulhof. An solchen Orten solltest du mindestens zwei verschiedene Messungen vornehmen, einmal in den belebten und einmal in den ruhigen Stunden.

Anhand deiner Uhr kannst du die Zeiten notieren, in denen größere Lautstärke herrscht, und mit der Stoppuhr kannst du ermitteln, wie lange die heftigsten Lärmphasen dauern.

Um den Lärmpegel zu messen, lädst du dir am besten eine Dezibel-App auf dein Smartphone.

Die Weltgesundheitsorganisation hat Grenzwerte festgelegt, die nicht überschritten werden sollten, da man sonst Schlafstörungen, Konzentrationsprobleme,

Stress, Angstzustände und sogar Magen- und Atemprobleme bekommen kann. Die Richtwerte liegen bei maximal 55 Dezibel am Tag und 45 Dezibel in der Nacht. Trage die jeweiligen Schallpegel in deiner Karte ein und male die verschiedenen Zonen in unterschiedlichen Farben an. So ermittelst du die lautesten Orte und die lärmreichsten Uhrzeiten. Du wirst feststellen, dass die einzelnen Gebiete eine Art Eigenleben haben, einen speziellen Atem und Rhythmus, der das Leben dort strukturiert.

Suche aber nicht nur nach lauten Orten, sondern höre auch die Stimme der leisen Gegenden, und entdecke dabei verborgene Plätze, verlassene Parks, Hinterhöfe oder Altstadtgassen.

 ## REVOLUTION VOLLBRACHT!

GERÄUSCHTABELLE

Die fünf schönsten Geräusche:

Wo aufgenommen?	Uhrzeit
1	....
2	....
3	....
4	....
5	....

Die fünf unangenehmsten Geräusche:

Wo aufgenommen?	Uhrzeit
1	....
2	....
3	....
4	....
5	....

WERTUNG

Aufmüpfigkeit   ●

Umweltschutz   ● ● ● ● ●

Die gute Tat   ● ● ● ● ●

Verzicht   ●

Neuentdeckung   ● ● ● ● ●

AUFWAND
Mittel

DAUER
1 Monat

FILMTIPP
Jenseits der Stille von Caroline Link

REVOLUTION 05

Schalte das Handy aus

75 Mal! So oft schauen wir pro Tag auf unser Smartphone, um zu sehen, ob wir eine Nachricht erhalten haben. Was für eine vertane Zeit!

Bist du bereit dafür, dass deine Schulfreunde dich für verrückt erklären? Dass sie dir aber auch Respekt und Bewunderung entgegenbringen? Dann kommt hier die nächste Revolution, eine Aufgabe, bei der du die Mithilfe der anderen benötigst. Schalte einen Tag lang dein Handy aus! Doch bevor du es tust, verabrede mit deinen Freunden einen festen Treffpunkt. Wenn sie dich sprechen wollen, müssen sie selbst dort erscheinen. Es geht doch nichts über eine persönliche Begegnung! Vielleicht solltest du auch deinen Eltern Bescheid geben, wenn du nicht willst, dass sie beim dritten vergeblichen Anruf in Panik geraten.

lingsort: in einem Park, am Mäuerchen neben eurer Schule, auf einem kleinen Platz, ganz egal. Hauptsache, ihr bleibt dabei: Handys aus – und Augen und Ohren auf!

Eine weitere Herausforderung: Würdest du es auch eine ganze Woche lang ohne Smartphone aushalten?

Ein Gesicht besitzt ungefähr 36 bewegliche Muskeln, um sich auszudrücken. Ein Gespräch unter Freunden ist also auch ein schönes Muskeltraining!

Gut, dieser Verzicht kann ganz schön hart sein, denn Handys sind einfach praktisch. Aber persönlich miteinander zu reden ist etwas Herrliches und Wichtiges – und eine der ältesten sozialen Aktivitäten der Menschheit.

Also quatscht, was das Zeug hält, und schaut euch dabei an! Trefft euch an einem vereinbarten Lieb-

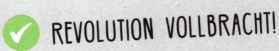

REVOLUTION VOLLBRACHT!

Das hier war euer Treffpunkt:

....

Schreibe die Namen der Leute auf, die dorthin gekommen sind, um dich zu treffen:

1) ....
2) ....
3) ....
4) ....
5) ....

REVOLUTION 06

Schicke deinem Nachbarn einen Gruß

Oft reden wir nicht mit unseren Nachbarn, weil wir zu viel zu tun haben oder uns wenig für sie interessieren. Mache es einmal anders und tue etwas richtig Nettes für sie! Grüße sie eine Woche lang mit einem Bild, das du ihnen einfach ohne Erklärung vor die Tür legen kannst. Also male oder zeichne sieben Bilder – für jeden Tag eines – und schreibe zum Beispiel »Ich wünsche einen schönen Tag!« darunter. Überlege dir, welchem Nachbarn du es schenken willst. Bei dieser Revolution geht es darum, unseren Nächsten kennenzulernen, also sollte es am besten immer die gleiche Person sein, die möglichst nicht ahnt, dass der Bildergruß von dir kommt. Wähle jemanden aus, den oder die du

noch nicht so gut kennst – umso stärker wirkt deine Geste. Lege das Bild frühmorgens oder spät am Abend vor die Nachbartür.
Das letzte Bild unterschreibe mit deinem Namen, damit der Nachbar (oder die Nachbarin) die Möglichkeit hat, dir zu danken. Und wenn er sich nicht bedankt? Hab Geduld und male ein neues Bild! Es könnte der erste Schritt zu einer sogenannten »social street« sein: zu einer Haus- oder Straßengemeinschaft, in der man sich gegenseitig hilft, sich austauscht oder einfach Zeit miteinander verbringt. Sie sind eine schöne Bereicherung des städtischen Lebens.

Eine weitere Herausforderung: Wenn du es dir zutraust, wähle unterschiedliche Techniken für deine Bilder, mal mit Buntstiften, Filzstiften, Pastellkreiden oder Wasserfarben, mal eine Collage, eine Bleistiftzeichnung oder Mischtechnik. Und überlege dir einen roten Faden oder eine Geschichte, die sie verbindet (zum Beispiel, wie der Nachbar morgens aufsteht, zur Arbeit geht und am Ende wieder nach Hause kommt).

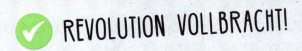
REVOLUTION VOLLBRACHT!

Empfänger/in: ....

Thema	Tag	Technik
....	Montag	....
....	Dienstag	....
....	Mittwoch	....
....	Donnerstag	....
....	Freitag	....
....	Samstag	....
....	Sonntag	....

WERTUNG

Aufmüpfigkeit ●
Umweltschutz ●
Die gute Tat ●●●●●
Verzicht ●●
Neuentdeckung ●●

AUFWAND
Geht schnell

DAUER
1 Woche

BUCHTIPP
Rico, Oskar und die Tieferschatten von Andreas Steinhöfel

REVOLUTION 07

Gründe ein digitales Erste-Hilfe-Team

Das Internet ist die größte technologische Revolution des vergangenen Jahrhunderts. Es hat die Welt erobert und eine neue Ära begründet. Doch nicht alle sind dabei mitgekommen: zum Beispiel ältere Leute, unsere Großeltern und auch manche unserer Eltern nicht. Aber echte Revolutionäre nehmen auf alle Rücksicht und helfen Menschen, die nicht so schnell sind. Was meinst du, vielleicht kannst du einen digitalen Erste-Hilfe-Service in deinem Viertel organisieren? Nur zwei von zehn alten Menschen kennen sich mit dem Internet aus – deine Hilfe ist also dringend nötig.

Erstelle eine Liste der Computerfreaks unter deinen Freunden, die sich mit allen technischen Tricks auskennen, und notiere ihre besonderen Fähigkeiten, um ein Team von Superhelden mit ihren jeweiligen »Superkräften« zusammenzustellen. Kontaktiere sie und erkläre ihnen deinen Plan. Dabei geht es nicht um einen komplizierten Informatikkurs, ganz im Gegenteil. Diese Revolution funktioniert besonders gut, wenn ihr euch geduldig und einfühlsam zeigt. Denn unsere Großeltern wissen oft nicht einmal, wie man eine E-Mail versendet, oder andere grundlegende Dinge im Umgang mit dem Computer.

Besonders hilfreich wäre, wenn ihr ihnen beibringt, wie man betrügerische Mails erkennt, in denen zum Beispiel steht: »Klicke auf diesen Link und gib dein Passwort ein!« Oder: »Tippen Sie Ihre Kreditkartennummer ein!« Du machst ihnen sicher eine Freude, wenn du ihnen ein paar Tricks zeigst, mit denen sie sich in der technischen Welt zurechtfinden können.

Teilt die Aufgaben unter euch Freunden auf. Einer der Hilfesuchenden möchte vielleicht sein Handy gut kennenlernen, ein anderer besser mit Mails umgehen, wieder ein anderer weiß nicht, wie er Informationen im Internet finden kann ... Für jede dieser Fragen sollte einer von euch bereitstehen.

Druckt ein Infoblatt aus, auf dem ihr die Gründung eurer DIGITALEN ERSTEN HILFE bekannt gebt, und vermerkt darauf, dass ihr jeden Tag zu einer bestimmten Uhrzeit an einem festen Ort zu finden seid (zum Beispiel um vier Uhr in der Bibliothek), falls euch jemand kontaktieren möchte. Kopiert diesen Zettel und klebt ihn an die Laternenpfähle eures Viertels, hängt ihn an ein öffentliches Schwarzes Brett und legt ihn im Gemeindesaal aus, vielleicht auch in eurer Schule. Sagt euren Eltern und Großeltern Bescheid und wartet dann ab. Früher oder später wird jemand an dem genannten Treffpunkt erscheinen.

Und dann geht es los: Hört euch die unterschiedlichen Probleme an und versucht, die Lösung so einfach wie möglich zu erklären. Vielleicht müsst ihr das auch mehrmals tun, mit anderen Worten und mit Geduld. Was ihr davon habt? Die fröhliche Miene eines Menschen, dem ihr etwas verständlich machen konntet, ist unbezahlbar! Und wer weiß, vielleicht erscheint der- oder diejenige das nächste Mal ja mit einem dicken Stück Kuchen oder Pfefferminzbonbons ...

Tipp: Notiert euch nach jedem Treffen auf einer Karteikarte den Namen des Hilfesuchenden und des jeweiligen Bearbeiters, um welches Problem es ging und was die Lösung war.
Dann habt ihr, wenn das Problem erneut auftaucht (vielleicht bei einem anderen Großvater), schon ein Archiv mit schnellen Lösungen zur Hand.

REVOLUTION VOLLBRACHT!

Stelle dein Team zusammen:

Name	Telefon-nummer	Fähig-keiten	Geleistete Hilfe
1.	....	....	....
2.	....	....	....
3.	....	....	....
4.	....	....	....
5.	....	....	....

WERTUNG

Aufmüpfigkeit •
Umweltschutz •
Die gute Tat • • • • •
Verzicht •
Neuentdeckung •

AUFWAND
Groß

DAUER
1 Monat

BUCHTIPP
Computer für Kids von Hans-Georg Schumann

REVOLUTION 08

Begleite deine Eltern einmal zur Arbeit

Zeit für eine hübsche Revolution in der Arbeitswelt – die mit dem Büro deiner Mutter oder deines Vaters zu tun hat! Erkundige dich, wie und wo sie arbeiten, schau dir ihren Arbeitsplatz an und versuche, dort etwas zu verändern. Zum Guten hin natürlich!

Bei dieser Revolution müssen dein Vater oder deine Mutter freilich mitmachen. Frage sie, ob du einmal zu ihrer Arbeitsstelle mitkommen darfst. Immerhin verbringen sie dort eine Menge Zeit: durchschnittlich rund 35 Stunden die Woche. Sind sie Arbeiter in einer Fabrik? Angestellte in einem Büro? Verkäufer in einem Geschäft? Womöglich Staranwälte? Und was ist daran überhaupt so besonders?

Lass dir ihren Arbeitsplatz zeigen und den Tagesablauf erklären. Schon klar, eigentlich müsstest du in der Schule sein, aber das hier ist nun mal eine Revolution, da muss eine kleine Ausnahme möglich sein, oder?! Vielleicht geht es ja für zwei Stündchen. Oder nach der Schule. Wie auch immer, finde irgendeine Möglichkeit. Und schau dich um und versuche, so gut wie möglich zu verstehen, was deine Eltern eigentlich machen. Wenn es bei der Arbeit irgendwelche Probleme gibt, werden deine Eltern es dir vermutlich nicht unbedingt erzählen. Vielleicht fallen dir ja ganz merkwürdige Dinge auf, die sie gar nicht wahrnehmen?

Zum Beispiel, dass die Kaffeemaschine zu weit weg steht oder dass irgendwelche Büromaterialien fehlen oder nur schwer zu bekommen sind, weil man erst mehrere Formulare dafür ausfüllen muss. Vielleicht ist auch der Kühlschrank zu klein für all die Angestellten, die in der Küche essen. Gibt es etwas, was du ändern würdest – und wenn ja, warum?

Manchmal sind es schon kleine Veränderungen, die den Menschen die Arbeit angenehmer machen: die Ausrichtung eines Schreibtischs, eine Pflanze, die in den Raum gestellt wird, ein zweiter Kleiderhaken oder eine Dartscheibe in der Kantine.

Wenn ihr zusammen nach Hause geht, erzähle deinen Eltern, was dich beeindruckt hat, aber auch, was du ändern würdest. Wenn sie deiner Meinung sind, werden sie diese Vorschläge weitergeben. Natürlich musst du sie überzeugend vorbringen!

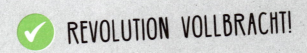

✓ REVOLUTION VOLLBRACHT!

Ich war mit am Arbeitsplatz von _____

Was dort nicht optimal war:

Was ich verändern würde:

WERTUNG		AUFWAND
Aufmüpfigkeit	●	Mittel
Umweltschutz	●	**DAUER**
Die gute Tat	●●●●●	1 Mal
Verzicht	●	
Neuentdeckung	●●●●	

BUCHTIPP
Die gefährlichsten Berufe der Welt von Petra Bachmann

REVOLUTION 09

Mache ein paar Selfies mit alten Leuten

Alte Leute und Selfies ... das sind zwei völlig verschiedene Welten, oder? Nein, überhaupt nicht! Vor allem, wenn ein junger Revolutionär bereit ist, etwas Zeit mit ihnen zu verbringen.

Und hier kommt deine Mission: Besuche ein Seniorenheim in deiner Stadt, um mit seinen Bewohnern Kontakt aufzunehmen. Schlage ihnen vor, ein Selfie mit dir zu machen, für das du einen Fotoapparat oder ein Handy mitgebracht hast. Zuvor solltest du ihnen aber versichern, dass du nur edle Absichten hast. Du willst nämlich damit zeigen, dass ein Lächeln unterschiedliche Generationen zusammenführen kann. Außerdem wirken sich Freundschaften und neue soziale Beziehungen laut einer aktuellen

Studie positiv auf die Gesundheit aus und verlängern sogar die Lebenszeit. Diese Revolution ist also auch ganz schön gesund.

Versuche, mindestens zehn Selfie-Partner zu finden, frage sie jeweils nach ihrem Namen oder nach dem Spitznamen aus ihrer Jugendzeit und erkundige dich, ob du als Dank für das Foto etwas für sie tun kannst. Ihnen ein paar Kekse holen, eine Zeitung besorgen oder einfach mit ihnen plaudern ... Wollen wir wetten, dass du innerhalb kurzer Zeit zehn neue Freunde hast?

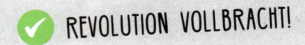

Drucke das schönste Foto aus und klebe es hierhin. Notiere, wer darauf zu sehen ist.

WERTUNG		**AUFWAND**	
Aufmüpfigkeit	●●	Gering	
Umweltschutz	●		
Die gute Tat	●●●	**DAUER**	
Verzicht	●●●	1 Mal	
Neuentdeckung	●●●		

FILMTIPP
Cocoon von Ron Howard

REVOLUTION 10

Verringere deinen CO$_2$-Fußabdruck

Selbst wenn wir es gar nicht wollen – wir alle verschmutzen und schädigen unsere Erde. Denn alles, was wir tun, verursacht Abfälle und Emissionen, die eine Erderwärmung nach sich ziehen, das Klima verändern und Spuren in der Umwelt hinterlassen. Man nennt das CO2-Fußabdruck und es stellt ein echtes Problem dar. Aber ab heute wird alles anders!

Der CO2-Fußabdruck zeigt die Menge von Treibhausgasen an, die ein Mensch durch seine Aktivitäten produziert, und stellt etwa die Hälfte des gesamten ökologischen Fußabdrucks dar (zu dem auch noch andere Umweltschädigungen zählen). Die

Abdrücke jedes einzelnen Menschen und jeder Familie addieren sich zu denen aller Autos, Fabriken und sogar aller Rinder (ein Grund, weshalb wir weniger Fleisch essen sollten). Alles, was wir kaufen (Bücher, Spiele, Pausensnacks, Kleider), hinterlässt einen CO_2-Fußabdruck. Selbst das Abschicken einer E-Mail produziert CO_2: Nach einer französischen Studie entstehen beim Senden und Empfangen einer Nachricht ungefähr 19 Gramm Kohlenstoffdioxid. Das ist etwa so viel, wie wenn man einen Kilometer Auto fährt. Also unnötige Mails auf jeden Fall vermeiden!

Unser Planet hat die Fähigkeit, sich selbst zu regenerieren – aber nicht für immer: Schon heute hat der ökologische Fußabdruck der Menschheit die Hälfte der Selbstheilungskapazitäten der Erde überschritten. Wenn es so weitergeht, werden wir der Natur bald mehr schaden, als sie sich selbst zu heilen imstande ist.

Was kannst du dagegen tun? Eine Revolution starten und zunächst einmal Informationen

sammeln. Forsche eine Woche lang nach der Herkunft von allem, was du isst. Denn je kürzer der Weg ist, den ein Lebensmittel bis zu uns nimmt, umso kleiner ist der ökologische Fußabdruck (weil es nicht erst per Lastwagen, Zug oder Schiff transportiert werden musste). Lies die Etiketten auf den Produkten und schau nach, wo sie verpackt wurden. Finde den Ursprungsort der Rohstoffe heraus. Gewürze und tropische Früchte kommen natürlich von weit her, wie auch chinesische und japanische Lebensmittel. Wenn du nicht am Meer lebst, ist auch der Fisch weit gereist, stimmt's? Schreibe einmal auf, wie viel du isst, wie viel du reist (im Auto oder im Zug), wie viel Energie du verbrauchst, und ermittle deinen eigenen »Fußabdruck«. Im Internet findest du sicher eine Seite, wo du deine gesammelten Daten eingeben und genau auswerten kannst.

Der nächste Schritt ist einfach: Reduzieren! Beginne, Produkte aus deiner Gegend zu essen. Klar, manchmal kann man eine Ausnahme machen. Aber wenn du regionale Lebensmittel wählst, ist das in jedem Fall besser. Und wenn du es einfach nicht schaffst und nicht auf deine geliebte Schokolade verzichten willst, dann kaufe eine mit Fair-Trade-Siegel. Es bedeutet, dass das Geld, das du dafür bezahlst, gerechter zwischen all den Menschen aufgeteilt wird, die daran gearbeitet haben, dass diese Schokolade zu dir gelangt.

Aber du kannst noch mehr tun und auch Verschwendung vermeiden. Elf Millionen Tonnen Lebensmittel landen in Deutschland jedes Jahr im Müll und verursachen eine Menge Treibhausgas, das in die Atmosphäre dringt. Je weniger wir verschwenden, desto kleiner wird der ökologische Fußabdruck.

Eine weitere Herausforderung: Schlage in der Schule vor, den ökologischen Fußabdruck der ganzen Klasse zu ermitteln, einschließlich der Lehrer. Und dann probiert aus, ob ihr das Ergebnis bis zum Jahresende halbieren könnt.

 REVOLUTION VOLLBRACHT!

Liste hier Lebensmittel auf, die du für gewöhnlich isst und die von weit her kommen.

Lebensmittel	Herkunft
1	....
2	....
3	....
4	....
5	....

Und hier die regionalen Produkte, die du von jetzt an essen willst.

Lebensmittel	Herkunft
1	....
2	....
3	....
4	....
5	....

WERTUNG		AUFWAND
Aufmüpfigkeit	●●●●	Groß
Umweltschutz	●●●●●	**DAUER**
Die gute Tat	●●●	Langfristiger Verhaltenswandel
Verzicht	●●●	
Neuentdeckung	●●●	

FILMTIPP

Before the Flood von Fisher Stevens und Leonardo di Caprio

REVOLUTION 11

Sammle Spenden für einen guten Zweck

Es gibt unendlich viele Anliegen, für die es sich zu kämpfen lohnt. Aber für fast alle benötigt man Geld. Und wie kommt man daran? Natürlich durch dich und deine Revolutionsgefährten! Ihr habt nun die Qual der Wahl. Vielleicht könnt ihr in eurer Klasse eine Umfrage durchführen, welches dieser fünf Projekte euch besonders sinnvoll erscheint:

1. Blumenbeete für Wildbienen in eurem Viertel anpflanzen.
2. Ein Denkmal oder einen heruntergekommenen Spielplatz säubern.
3. Bücher für eine Stadtteilbibliothek beschaffen.
4. Für obdachlose Mitbürger Lebensmittel und Decken organisieren.
5. Medikamente besorgen, die

nach Afrika oder in andere arme Regionen der Welt geschickt werden (über die Vermittlung einer seriösen Hilfsorganisation).

Aber vielleicht fallen euch noch ganz andere Dinge ein!

Fragt eure Lehrer und den Rektor, ob ihr die Umfrage durchführen dürft, und stellt dann in der Schulaula eine Sammelschachtel für die Stimmzettel auf. Jeder kann daraufschreiben, welches Projekt er am wichtigsten findet. Zum Schluss zählt ihr die Zettel aus und verkündet das Ergebnis. Und dann beginnt ihr, Geld für das Projekt zu sammeln.

Lasst euch von euren Eltern helfen. Versucht zunächst herauszufinden, wie viel Geld für etwas nötig ist. Was wäre die Mindestsumme, um etwas zu bewirken? Diese Summe setzt ihr dann als Ziel fest.

Eine sichere, schnelle und effektive Methode ist das sogenannte »Crowdfunding«, also eine »Gruppenfinanzierung«. Alle, die mitmachen, spenden einen bestimmten Betrag und erhalten dafür etwas (eine Danksagung, einen Aufkleber, ihre Namensnennung, ein Geschenk). Das Prinzip ist: Je mehr man zu spenden bereit ist, desto schöner ist das, was man als Gegengabe erhält. Wichtig ist, dass ihr den Zweck der Sammlung gut erklärt, vielleicht indem ihr ein Infoblatt dazu verfasst, auf dem ihr auch auf die Unterstützung der Schule hinweist. Die Informationen müssen klar verständlich sein!

Wenn ihr den gewünschten Betrag zusammengetragen habt, könnt ihr die Sammlung beenden und die eigentliche Aktion in die Wege leiten. Denkt auch daran, den Spendern hinterher von dem Ergebnis zu berichten! Sie werden genau wie ihr stolz darauf sein, zu einer guten Sache beigetragen zu haben.

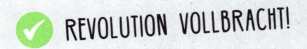

REVOLUTION VOLLBRACHT!

Liste hier die vorgeschlagenen Projekte auf und die jeweilige Anzahl der dafür abgegebenen Stimmen.

Projekt	Stimmen
1.	....
2.	....
3.	....
4.	....
5.	....

WERTUNG

Aufmüpfigkeit ● ●

Umweltschutz ● ● ●

Die gute Tat ● ● ● ● ●

Verzicht ●

Neuentdeckung ● ● ●

AUFWAND
Groß

DAUER
1 Mal

FILMTIPP
Bruce Allmächtig von Tom Shadyac

REVOLUTION 12

Besuche ein Grab auf dem Friedhof

Niemand geht besonders gern auf Friedhöfe. Wir tun es eher aus Verpflichtung, zum Gedenken an Angehörige. Früher war das nicht so. Da ehrte man die Vorfahren mehr als die Lebenden. Heute gilt es höchstens als eine freundliche Geste. Bei dieser kleinen Revolution geht es darum, an jemanden zu denken, an den sich niemand mehr erinnert. Gehe auf einen Friedhof und bringe Blumen zu einem Grab, auf dem sonst nie welche liegen.

Es gibt viele Toten, die keiner mehr besucht. In dieser schnelllebigen Welt, in der die Vergangenheit oft rasch vergessen wird, versuche du einmal, dem entgegenzuwirken, und gehe einfach zu einem dieser einsamen Gräber hin. Es wird dir ein gutes Gefühl geben, und vielleicht wirst du ja neugierig darauf, wer die vergessene Person war und was sie in ihrem Leben gemacht hat.

Wenn es in deinem Wohnort mehrere Friedhöfe gibt, wähle den ältesten aus und suche nach einem ungepflegt aussehenden Grab ohne Blumen oder Grabschmuck. Vielleicht trägt es Schriftzeichen, die zweihundert Jahre alt oder schon ganz verwittert sind. Schau dir auch die alten Namen auf dem Grabstein an – sie klingen seltsam und anders als heute, fast wie bei einer Zeitreise. Säubere den Grabstein ein wenig, beseitige alte Blätter und lege dann deine mitgebrachten Blumen nieder. Notiere dir den Namen, die Jahreszahlen und alle Inschriften (wie »im Sturm umgekommen« oder »Sohn eines Bauunternehmers«) und merke dir die Stelle, wo sich das Grab befindet.

Wie schön: Du hast an jemanden gedacht, an den keiner mehr denkt.

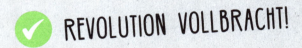 REVOLUTION VOLLBRACHT!

Notiere hier, was auf dem Grabstein geschrieben stand: Vor- und Nachname, Lebensdaten und sonstige Inschriften. Wenn es auf dem Grab eine Skulptur gab, skizziere sie.

WERTUNG		AUFWAND
Aufmüpfigkeit	●	Keiner
Umweltschutz	●	
Die gute Tat	●	**DAUER**
Verzicht	●●●●	1 Mal im Jahr
Neuentdeckung	●●●●	

BUCHTIPP

Das Graveyard-Buch von Neil Gaiman

REVOLUTION 13

Mache eine Wanderung von mindestens zehn Kilometern

Weißt du, wie lang ein Kilometer ist? Länger, als du denkst! Wenn du im Auto sitzt, nimmst du ihn kaum wahr – zu Fuß allerdings schon! Ein Kilometer sind mindestens tausend Schritte, und zehn Kilometer sind über zehntausend Schritte. Einige der berühmtesten Revolutionen der Geschichte wurden durch lange Fußmärsche unternommen.

Jetzt bist du dran. Es ist eine einfache, aber auch anstrengende Revolution. Du benötigst die Unterstützung eines Erwachsenen, der Lust hat, ein bisschen Sport mit dir zu machen. Denn hier geht es nicht um eine kleine Runde um den Häuserblock, sondern um eine richtige Wanderung. Für zehn Kilometer benötigst du mit einer gewissen Vorbereitung etwa drei Stunden.

Lege zunächst das Ziel deiner Wanderung fest. Vielleicht fragst du jemanden, der sich in deiner Umgebung gut auskennt, ob er dich in die Natur hinausfahren kann, in die Berge oder sogar ans Meer. Wo auch immer du startest: Du kannst fünf Kilometer wandern und dann wieder zurück – oder gleich zehn Kilometer in eine Richtung gehen und später mit einem öffentlichen Verkehrsmittel zurückfahren. Plane also deinen Zielort und das Datum und wähle eine Person, die dich begleitet. Denn besonders im Gebirge, aber auch für jede andere Wanderung gilt: Du solltest niemals allein gehen! Im Notfall könntest du nämlich Hilfe brauchen.

Sobald du alles geplant hast, beginnst du zu trainieren. Denn wenn du gleich morgen eine zehn Kilometer lange Wanderung machen willst, wird es dir ohne Übung schwerfallen. Und selbst wenn du es schaffst, werden dir danach eine Woche lang die Beine wehtun. Du spürst es in den Knien, den Zehen und so weiter. Damit du in etwa drei Monaten zehn Kilometer wandern kannst, fange morgen zunächst mit tausend Metern an. Und nimm dir für nächste Woche zwei und in zwei Wochen vier Kilometer vor. Du musst herausfinden, wie viel Ausdauer du hast, und die Strecke allmählich steigern. Wenn du nicht mehr kannst, mache eine Pause und gehe später weiter. Und achte auf eine gleichmäßige Atmung.

Drei Dinge sind beim Wandern absolut notwendig: Wasser, Proviant und eine gute Ausrüstung. Beginnen wir mit dem Wichtigster.

Wasser: Schaue auf der Landkarte nach, ob du deine Wasserflasche unterwegs irgendwo auffüllen kannst. Sonst solltest du zwei Liter mitnehmen. Gib am besten einige Tropfen Zitronensaft hinein.

Proviant: Eher wenig, denn wenn du viel zu verdauen hast, macht dich das müde und schwerfällig. Ein guter Tipp ist Studentenfutter, da Nüsse und trockene Früchte sättigen, lecker schmecken und dir Energie spenden. Auch gegen ein belegtes Brötchen ist nichts einzuwenden, aber belege es nicht allzu üppig. Und ein Stück Schokolade kann dir den nötigen Schubs geben.

Schuhwerk: Deine Füße sollten nicht wehtun. Wenn das schon bei deinem Training der Fall ist, ziehe dir andere Schuhe an. Sie sollten fest, aber bequem sein und keine Absätze haben. Aber auch Sneaker mit dünnen Sohlen sind nicht geeignet.

Bist du so weit? Dann kann es losgehen! Versuche die Entfernung wahrzunehmen. Während du immer weiter- und weitergehst, spürst du, wie deine Gedanken sich verändern. Von unendlicher Langeweile bis ... wohin? Schreibe es auf!

✓ REVOLUTION VOLLBRACHT!

Zeichne hier den Weg auf, den du zurückgelegt hast, oder klebe die Wanderkarte ein.

WERTUNG		AUFWAND
Aufmüpfigkeit	●	Groß
Umweltschutz	●●	**DAUER**
Die gute Tat	●	1 Mal
Verzicht	●●●●	
Neuentdeckung	●●●●	

BUCHTIPP
Das verkaufte Glück – Der lange Weg der Schwabenkinder von Manfred Mai

REVOLUTION 14

Schmökere in einem Wörterbuch

Wir benutzen unsere Sprache immer nachlässiger. Wir verwenden Wörter, die uns gerade so einfallen, übermitteln Emojis statt komplexe Gedanken und vereinfachen, wo es nur geht. Dabei besitzen wir eine reiche Sprache mit faszinierenden, genauen und poetischen Ausdrücken! Es gibt Redewendungen, die wir völlig vergessen haben, weil wir lieber auf modische Slogans zurückgreifen, auf häufig verwendete Floskeln, die eine tiefer gehende Argumentation unmöglich machen. Um wieder neu sprechen zu lernen, braucht es eine kleine Revolution, die bei den Grundlagen beginnt. Wie viele deutsche Wörter gibt es eigentlich? Der Wortschatz der Standardsprache besteht aus etwa 75 000 Wörtern.

Aber der Grundwortschatz, mit dem wir 90 Prozent der Gespräche und Texte im Alltag bewältigen, besteht nur aus rund 1280 Wörtern.

Für diese Revolution benötigst du ein dickes deutsches Wörterbuch – je dicker, desto besser! Vielleicht besitzen deine Eltern eines, das du benutzen kannst, oder du kaufst eines oder leihst es dir in der Bücherei aus. Nimm es mit in dein Zimmer und schlage es jeden Tag einmal irgendwo auf (oder wenn du es systematischer magst, dann jedes Mal bei einem anderen Buchstaben). Suche dir auf der gesamten Doppelseite ein Wort heraus – und zwar eines, das du noch nicht kennst. Schreibe es in dein Notizbuch ab, finde heraus, was es bedeutet, und überlege dir, wie du es in einem Satz verwenden könntest. Mache es dir zu eigen! Suche dir jeden Tag ein neues Wort aus, einen Monat lang, und du wirst feststellen, wie viel Gefallen du an unserer vielfältigen, schönen Sprache findest. Im Grunde ist die Sprache wie Minecraft: Die Wörter sind die Blöcke, und du kannst daraus bauen, was du willst.

Achtung, einige der Wörter in deinem Buch sind alte Begriffe oder komplizierte Zusammensetzungen, vielleicht auch wissenschaftliche Fremdwörter. Davor brauchst du nicht zurückschrecken.

Mit deinen dreißig neuen Wörtern muss am Ende des Monats noch längst nicht Schluss sein – denn jetzt geht es erst richtig los. Um die ausgesuchten Wörter verwenden zu können, brauchst du noch andere. Am besten, du greifst wieder zu dem dicken Buch. Je mehr Wörter du dir heraussuchst, desto mehr kannst du andere Menschen damit beeindrucken. Was glaubst du, wie Sänger und Rapper auf ihre genialen Texte kommen? Mit einem reichen Wortschatz natürlich. Und wenn du deine Eltern ein bisschen herausfordern willst, frage sie, ob sie dieses oder jenes Wort kennen und wissen, wofür man es verwendet. Wenn du etwas Neues gelernt hast, bringe es also auch denen bei, die es nicht kennen oder die es vergessen haben. Auch das ist eine Revolution.

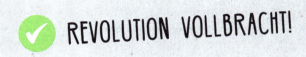

REVOLUTION VOLLBRACHT!

Die schönsten Wörter, die ich entdeckt habe:

Wort	Bedeutung
1.	....
2.	....
3.	....
4.	....
5.	....
6.	....
7.	....
8.	....

WERTUNG		AUFWAND
Aufmüpfigkeit	●●●	Keiner
Umweltschutz	●	
Die gute Tat	●	**DAUER**
Verzicht	●●	1 Monat
Neuentdeckung	●●●●●	

BUCHTIPP

Tintenherz von Cornelia Funke

REVOLUTION 15

Frage einmal einen Lehrer oder eine Lehrerin, wie es ihm oder ihr geht

Was spricht dagegen, sich bei einem Lehrer zu erkundigen, wie es ihm heute geht? Nur das ungeschriebene Gesetz aller Schüler dieser Welt, nach dem hinter dem Lehrerpult das Böse lauert – dabei ist das meistens völliger Unsinn.

Und das ist deine nächste Revolution: Siehst du vorn an der Tafel den Mann oder die Frau, die dich jeden Vormittag abzufragen droht? Diese Person hat eine wichtige, aber auch schwierige Aufgabe. Schon allein, weil sie eure ganze Klasse vor sich hat. Manchmal ist der Lehrer mit euch zufrieden, manchmal nicht. Er hat gute und schlechte Momente wie jeder andere Mensch auch. Nur denkt niemand von euch daran. Ihr denkt nur: *Hoffentlich reitet der Mich nicht rein ...*

Deine Mission besteht nun darin, zu Beginn oder am Ende des Unterrichts einen geeigneten Moment zu finden, um zu einem deiner Lehrer zu gehen und ihn zu fragen: »Wie geht es Ihnen?«

Und deine Mitschüler sollen das ruhig mitbekommen.

Suche dir einen Lehrer (oder eine Lehrerin) aus, der für eine solche Frage offen ist, jemanden, bei dem du dich wohlfühlst, und gehe zu ihm, wenn er gerade eine freie Minute hat. Vielleicht auch in der Pause.

Dein Lehrer wird wissen wollen, warum du das fragst – und dann hab keine Angst: Es ist deine revolutionäre Aufgabe, dich für ihn zu interessieren. Einfach weil ihr jeden Tag viel Zeit miteinander verbringt. Bei dieser Revolution wirst du merken, dass du im Unterricht zwar die Autorität deiner Lehrer respektieren musst, dass man aber ansonsten ganz normal mit ihnen reden kann.

Wir Menschen sind in der Lage, uns in die Haut eines anderen zu versetzen. Dank der Spiegelneuronen (eine großartige Entdeckung eines italienischen Forscherteams) können wir die Gefühle anderer wahrnehmen. Diese Neuronen erwachen, wenn wir die Emotionen einer anderen Person beobachten, und wecken unsere Empathie, das heißt, unser Einfühlungsvermögen. Es ist, als würden wir die Gefühle des anderen selbst empfinden. Sogar die unserer Lehrer!

Der zweite Teil deiner Aufgabe ist noch wichtiger und interessanter: Höre zu, was er oder sie dir sagt, und versuche es zu verstehen. Falls dein Lehrer andeutet, dass das gerade kein günstiger Moment ist, weil es irgendwelche

Probleme gibt, weil er in Eile ist oder Sorgen hat ... dann biete ihm deine Hilfe an, wie du es auch bei einem guten Freund tun würdest. Am besten hilfst du deinem Lehrer natürlich, wenn du während des Unterrichts gut mitmachst, nicht herumkicherst und deine albernen Mitschüler dazu bringst, sich etwas zusammenzureißen.

Versuche, dich in deine Lehrer hineinzuversetzen, respektiere sie und toleriere ihre Schwächen, so wie sie auch deine und die deiner Mitschüler hinnehmen.

Wenn du aber das Gefühl hast, dass sie sich falsch verhalten, dann gehe erst recht zu ihnen hin und sprich mit ihnen. Frage sie, wie es ihnen geht, und erzähle ihnen, dass es dir selbst nicht gut geht, weil sie zum Beispiel zu viele Hausaufgaben aufgegeben haben, weil sie dich ungerechtfertigt bestraft haben oder was auch immer.

Du solltest das unbedingt sachlich zur Sprache bringen. Und nicht zu Mama und Papa laufen, damit sie es für dich erledigen.

REVOLUTION VOLLBRACHT!

Schreibe hier den Namen und das Fach deines Lehrers/deiner Lehrerin auf. Füge ihre Antwort hinzu und vielleicht auch, was du gemacht hast, um ihm oder ihr zu helfen.

WERTUNG		AUFWAND
Aufmüpfigkeit	●●●	Keiner
Umweltschutz	●	**DAUER**
Die gute Tat	●●●●●	1 Mal
Verzicht	●	
Neuentdeckung	●●	

BUCHTIPP
Das fliegende Klassenzimmer von Erich Kästner

REVOLUTION 16

Gib den Ball ab, auch an Schwächere

Fußball, Basketball, Volleyball – das sind Sportarten, die besondere Momente und einzigartige Spiele ermöglichen und Teams und Freundschaften entstehen lassen. Sie erfordern Mut und Engagement und machen einfach Spaß. Allerdings nicht immer. Manchmal macht jemand, der Talent hat (oder glaubt, es zu besitzen), egoistisch ist oder ständig im Mittelpunkt stehen will, das alles zunichte. Klar, wenn du dich im Spiegel anguckst, hast du das Gefühl, wie Messi zu kicken, während dein Klassenkamerad Max am schlechtesten von euch allen spielt. Deshalb wählt ihn auch keiner aus, wenn die Kapitäne die Mannschaften zusammenstellen. Das ist uns Autoren auch schon so ergangen (dabei waren

wir wirklich so toll wie Messi, haben uns nur leider fürs Bücherschreiben entschieden ...).
Aber du weißt inzwischen, dass Revolutionen auch dazu da sind, Ungerechtigkeiten zu bekämpfen, und hier startet nun eine Gurkentruppen-Revolution: Wir kümmern uns diesmal um die schwächeren Spieler!

Zur Durchführung dieser Revolution brauchst du deine Mannschaftskumpel, einen Ball, ein wenig spielerisches Geschick und viel Gerechtigkeitssinn. Nur du kannst einschätzen, ob du gut genug bist, um die anderen von dieser Sache zu überzeugen. Falls du selbst nicht zu den stärksten Spielern gehörst, beharre nicht darauf (sonst nervst du die anderen). Falls doch, gehe mit gutem Beispiel voran. Bist du der Kapitän, der bei der Mannschaftsaufstellung die Spieler aussucht, dann wähle zuerst den Schwächsten. Wenn nicht, kannst du deinem Kapitän vielleicht dazu raten. Wenn er sagt: »Aber mit Max verlieren wir garantiert!«, dann antworte: »Das glaube ich nicht. Vertraue ihm einfach!«

Sobald die Mannschaften stehen, rede den Möchtegern-Stars ins Gewissen, die am liebsten alles allein machen, und rufe ihnen immer wieder zu: »Gib ab!«, wenn sie am Ball kleben. Beschwere dich laut und deutlich, wenn sie sich nur untereinander zupassen. Und sobald du am Ball bist, gib ihn auch an schwächere Spieler weiter, damit alle eine Chance kriegen.
Egal, wie gut euer Torschütze gerade steht: Eine Mannschaft ist nur dann stark, wenn ihre Mitglieder sich alle als Teil des Gan-

zen fühlen. Und das wird niemals der Fall sein, wenn sie ausgeschlossen werden. Es ist deine Aufgabe, diese Ideale wieder hochzubringen. Selbst wenn ihr eine katastrophale Niederlage erntet.

REVOLUTION VOLLBRACHT!

Liste hier die Namen deiner Mitspieler auf und verzeichne bei jedem einen Schwachpunkt und eine besondere Stärke.

Name	Schwach-punkt	Stärke
....	....	....
....	....	....
....	....	....
....	....	....
....	....	....
....	....	....
....	....	....
....	....	....
....	....	....
....	....	....

WERTUNG		AUFWAND
Aufmüpfigkeit	●●	Gering
Umweltschutz	●	
Die gute Tat	●●●●●	**DAUER**
Verzicht	●●●●●	Langfristiger Verhaltenswandel
Neuentdeckung	●	

BUCHTIPP

Fußball und sonst gar nichts! von Andreas Schlüter
und Irene Margil

REVOLUTION 17

Höre dir einen Song von früher an und lies ein altes Buch

Wer sagt, dass dir nur eine Musik gefallen kann, die auch allen anderen gefällt? Dass nicht auch Songs von früher dich begeistern könnten? Und warum sollten fünfzig Jahre alte Bücher langweiliger sein als die von heute? Es ist nicht leicht, den Zeitgeist zu ignorieren – aber manchmal ist es hilfreich und spart auch noch Geld.

Frage einfach mal deine Eltern, wer ihre Lieblingssänger oder -bands waren und welcher ihr Lieblingssong. Und frage sie auch, was ihr Lieblingsbuch war, und weshalb. Dann suche dir diese Sachen heraus. Wenn du sie nicht allein finden kannst, werden dir deine Eltern sicher helfen, vielleicht spielen sie dir die Songs ja sogar auf eurer Anlage vor.

Lasse dich darauf ein. Höre dir die Musik an und lies das Buch am besten ganz durch. Und dann sprich mit deinen Eltern darüber. »Das ist ja so ähnlich wie ...«, »Das erinnert mich an ...«, »Wusstest du, dass eine aktuelle Band eine Coverversion davon gemacht hat?« ...

Neue wissenschaftliche Studien haben ergeben, dass, wer sich zu Hause über Musik und Bücher austauscht, im Leben leichter eine gut bezahlte Arbeit findet.

Also, her mit dem alten Zeug! Und genießen.

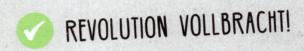

REVOLUTION VOLLBRACHT!

Schreibe hier auf, wer dir was empfohlen hat.

Gefragtes Elternteil..
Empfohlenes Buch..
Autor/in ....
Deine Meinung dazu..
....

Gefragtes Elternteil..
Empfohlenes Musikstück...
Komponist/Band ....
Deine Meinung dazu..
....

WERTUNG		AUFWAND
Aufmüpfigkeit	●●●●	Mittel
Umweltschutz	●	
Die gute Tat	●	**DAUER**
Verzicht	●●●	1 Mal (pro Elternteil)
Neuentdeckung	●●●●●	

FILMTIPP
School of Rock von Richard Linklater

REVOLUTION 18

Entdecke die Umstände deiner Geburt

Und jetzt, ohne lange um den heißen Brei zu reden, deine Aufgabe für heute: Sprich mit deinen Eltern darüber, wie du geboren wurdest, und warum überhaupt. Bist du bereit?

Am besten setzt du dich mit deiner Mutter oder deinem Vater gemütlich aufs Sofa und fragst: »Wie war das so, als ich geboren wurde? Und warum habt ihr euch für ein Kind entschieden?« (Oder »für ein zweites Kind« oder »für Drillinge …« – je nachdem, ob du ein erstes Kind, ein zweites oder ein Drilling bist.) »Was waren eure Gedanken dabei? Und als ihr dann wusstet, dass es mich geben wird, wie habt ihr reagiert? Und warum habt ihr Oma nichts erzählt?« (Falls ihre Antwort war, dass sie der Oma nichts verraten haben.) Vielleicht werden sie sich um eine Antwort drücken wollen oder ausweichend antworten. Lass jetzt nur nicht locker!

Durch die Erbgutforschung wissen wir, dass im Lauf der Menschheitsgeschichte immerhin 107 Milliarden Menschen auf der Erde gelebt haben – du bist also weder der erste noch der letzte Mensch, der geboren wurde! Darüber zu reden ist wirklich ganz normal.

Erkundige dich nach Einzelheiten. Behaupte, es sei eine Rechercheaufgabe für die Schule (darauf fallen sie garantiert herein!), und verstecke dieses Buch, falls du es nicht sowieso schon gemacht hast.

Du musst wissen, dass die Geburt eines Kindes (und besonders die von Drillingen) das Leben der Erwachsenen ganz schön durcheinanderwirbelt. Vorher waren deine Eltern zwei sorglose, glückliche Menschen, und auf einmal sind sie furchtbar beschäftigt. Sie sind immer noch glücklich, aber auf andere Weise. Und sie haben einen Haufen Probleme am Hals. Höre dir also an, was deine Mutter oder dein Vater erzählt, und beobachte dabei ihren Gesichtsausdruck und auch die Blicke, die sie einander zuwerfen.

So nimmst du an der Erinnerung an einen weltbewegenden Umsturz teil – die Revolution deiner Geburt.

Eine weitere Herausforderung: Umarme deine Eltern und mache ihnen klar, dass sie damals eine richtig, richtig gute Idee hatten!

✓ REVOLUTION VOLLBRACHT!

Was glaubst du, was deine Eltern damals empfunden haben?

Gefühle	Leben davor	Leben danach
....	....	....
....	....	....
....	....	....
....	....	....
....	....	....

WERTUNG

Aufmüpfigkeit ● ● ●
Umweltschutz ●
Die gute Tat ●
Verzicht ●
Neuentdeckung ● ● ● ● ●

AUFWAND
Keiner

DAUER
1 Mal

BUCHTIPP
Schwestern von Raina Telgemeier

REVOLUTION 19

Mache deine Stadt sauberer

Überall liegen Schmutz und Abfall herum, richtig hässlich... Aber weißt du was? Man sollte sich nicht ständig beschweren, sondern sich lieber einmal einen Ruck geben. Wer, wenn nicht eine Schar entschlossener Revolutionäre, kann hier mit gutem Beispiel vorangehen? Sprich deine Freunde an. Zusammen startet ihr die Besenrevolution!

Ihr benötigt:
– Arbeitshandschuhe
– Gummistiefel
– wasserdichte Kleidung
– Stöcke mit einem Haken am Ende
– viele Mülltüten
– mindestens einen Erwachsenen
– Pausensnacks

Versammelt eine Gruppe von »Öko-Guerillakämpfern«, um Wege

und Straßengräben zu säubern, Rinnsteine oder ein Wäldchen, je nachdem, was sich in eurer Nähe befindet. Wenn ihr in einer Großstadt lebt, nehmt euch ein paar Straßen eures Viertels vor, Parkanlagen oder Hecken, und sammelt dort Abfall auf, sortiert ihn und entsorgt ihn in den entsprechenden Containern. Es ist eine arbeitsintensive Revolution. Wählt keine allzu abgelegenen oder schwer erreichbaren Stellen und lasst euch immer von einem Erwachsenen unterstützen (der euch den Müll zum Beispiel zum Wertstoffhof transportiert).

Wenn ihr euch für einen Ort entschieden und eine Gruppe zusammengestellt habt, informiert auch die Gemeinde über euer Vorhaben, damit es nicht zu bösen Überraschungen kommt (etwa dass die Öko-Guerillakämpfer mitten in ihrer Arbeit vertrieben werden!). Und dann geht es los. Am besten wählt ihr einen Samstag, an dem ihr alle nichts vorhabt. Teilt die Aufgaben unter euch auf. Einer sucht nach kleinen Abfällen, die man leicht auflesen kann, ein anderer widmet sich schwierigeren Objekten, wieder ein anderer hilft, indem er Säcke aufhält, dann zubindet und abtransportiert. Nach einer halben Stunde wird gewechselt! Und wenn ihr eine ganze Stunde gearbeitet habt, macht ihr Pause, trinkt einen Schluck, esst einen Snack und schaut euch an, was ihr schon alles geschafft habt. Die ganze Unternehmung ist umso wichtiger, wenn man bedenkt, wie lange Müll braucht, um sich zu zersetzen (mit diesem Argument könnt ihr Zweifler überzeugen). Hier ein paar Beispiele:
– ein Pappkarton: 2 Monate
– ein Zigarettenfilter: 1-5 Jahre
– eine Plastiktüte: 10-20 Jahre
– eine Blechdose: 50 Jahre

– eine Aludose: 200 Jahre
– eine Plastikflasche: 450 Jahre
– eine Angelschnur: 600 Jahre

Eine weitere Herausforderung: Mache Fotos von eurer Säuberungsaktion, berichte in deiner Klasse davon und nenne die verrücktesten Abfälle, die ihr dabei gefunden habt. Erkläre auch, wie ihr den gesammelten Müll entsorgt habt, und finde mindestens vier weitere Freiwillige für den nächsten Samstag!

REVOLUTION VOLLBRACHT!

Drucke ein Foto von deiner Gruppe nach vollbrachter Arbeit aus und klebe es hierhin. Schreibe bei jedem deiner »Mitstreiter« den Namen sowie den Spitznamen darunter, den er oder sie sich verdient hat.

WERTUNG		AUFWAND
Aufmüpfigkeit	●●	Mittel
Umweltschutz	●●●●●	
Die gute Tat	●●●●●	**DAUER**
Verzicht	●●●	1 Mal
Neuentdeckung	●	

BUCHTIPP
Trash von Andy Mulligan

REVOLUTION 20

Recherchiere etwas ohne Wikipedia

Wikipedia ist ein fantastisches Online-Nachschlagewerk und eine echte Errungenschaft für die Menschheit. Aber es ist nicht die einzige verfügbare Quelle. Sei immer misstrauisch, wenn jemand zu dir sagt, dass es nur eine einzige Möglichkeit für irgendetwas gibt. Das stimmt meistens nicht. Wikipedia ist weltweit bekannt und wird viel genutzt, auch wenn man nie sicher sein kann, ob das Wissen darin auch richtig und vollständig ist. Mit den Inhalten, die man bei Wikipedia findet, sind die meisten Menschen einverstanden (sonst würden sie die Einträge ja verändern). Aber nicht alle, die diesen Online-Dienst verwenden, glauben, dass er die einzig gültige Wahrheit enthält. Natürlich ist Wikipedia sehr bequem, immer verfügbar und leicht zu verstehen – aber seit wann setzen Revolutionäre auf Bequemlichkeit? Höchste Zeit, ein Zeichen zu setzen, das anderen ein Beispiel sein könnte: Informiere dich einmal über etwas ohne Wikipedia! Sobald du das nächste Mal ein Thema für die Schule recherchieren sollst, suche also nach anderen Möglichkeiten. Zum Beispiel:

1) Durchforste Internetseiten, die NICHT Wikipedia sind.
2) Ziehe ein Lexikon in einer Bibliothek zurate.
3) Mache dich in deiner Umgebung schlau und frage andere Leute.

Die erste Möglichkeit ist die schnellste – allerdings auch die langweiligste. Es geht dabei um eine Online-Recherche, bei der du auf bestimmte Seiten gelangst, indem du Stichwörter zu deinem Thema googelst. Du sollst etwas über die Hethiter herausfinden? Dann ist der Begriff »Hethiter« der Ausgangspunkt, und von dem aus gelangst du zu einer bestimmten historischen Epoche und geografischen Region. Du rufst die entsprechenden Seiten auf, liest die Texte, schaust dir dazugehörige Videos oder Fotos von Museen an, bis du die nötigen Informationen zusammengetragen hast.

Die zweite und die dritte Möglichkeit sind aufwändiger und weniger schnell, aber du solltest sie trotzdem ausprobieren. Dabei bist du gezwungen, das Haus zu verlassen und eine Bibliothek aufzusuchen. Dort findest du entsprechende Nachschlagewerke, bei denen du einzelne Seiten herauskopierst. Schließlich kannst du dein Glück noch bei leibhaftigen Menschen versuchen – stell dir vor, du fragst sie etwas, und sie wissen auch noch eine Antwort darauf! Oder sie kennen jemanden, der in deiner Frage Bescheid weiß, und auf einmal bist du unterwegs und knüpfst jede Menge Kontakte, was für einen Revolutionär ein wahrer Schatz ist. Das Ergebnis deiner Recherche wird ein ganz persönliches und einzigartiges sein!

Es ist ein himmelweiter Unterschied – wie wenn du dir entweder eine Tiefkühlpizza aufwärmst oder selbst etwas kochst. Was, du magst lieber Tiefkühlpizza? Was für ein Revolutionär bist du denn? Du musst lernen, mit frischen Zutaten und Geschick eine Pizza zu machen und mit der Hefe zu beginnen!

✅ REVOLUTION VOLLBRACHT!

Schreibe hier das Thema deiner Recherche auf und nenne die Hilfsmittel, die du dafür verwendet hast.

....
....
....

WERTUNG		AUFWAND
Aufmüpfigkeit	● ● ●	Groß
Umweltschutz	●	**DAUER**
Die gute Tat	●	1 Mal
Verzicht	●	
Neuentdeckung	● ● ● ● ●	

BUCHTIPP
Flucht aus Mr Banancellos Bibliothek von Chris Grabenstein

REVOLUTION 21

Verbreite keine Unwahrheiten und halte auch andere davon ab

Gut, jeder lügt ab und zu. Das lässt sich nicht immer vermeiden. Manchmal aber werden Lügen extra verbreitet, um Schlechtes zu bewirken. Als Kind kriegt man erzählt, dass einem vom Lügen die Nase lang wachse. Aber das ist Unsinn. Wenn man lügt, wächst überhaupt nichts. Und glaube nicht, dass Lügen typisch für Kinder ist. Die Erwachsenen nennen es nur anders: Rechtfertigung (»Äh, ich musste hier im Halteverbot parken, weil nirgendwo etwas frei war.«), Höflichkeit oder Feigheit (»Du siehst richtig gut aus, Tante Klothilde, einfach bezaubernd!«), eine Zeitungsente (»Wenn ich gewählt werde, löse ich alle Probleme der Welt.«) und Desinformation (»Machen Sie unbesorgt weiter mit Ihrem Konsum, den Klimawandel gibt es nicht.«). Lügen gibt es überall: Das Internet und Facebook sind so voll davon, dass man schon Glück haben muss, um dort etwas Wahres zu finden.

Aber an diesem Problem kannst du sowieso nichts ändern ...

Oder doch?

Ein bisschen vielleicht schon. Fange einfach mal bei dir selbst an.

Mach es dir vor allem nicht allzu bequem mit dem Lügen. »Hast du deine Hausaufgaben gemacht?« – »Ja!« (Stimmt zwar nicht, aber so darfst du jetzt am PC zocken.) »Guckst du schon lange YouTube?« – »Nö!« (Und weiter geht's mit einer neuen Stunde Glotzen.)

Lass einfach mal das Schwindeln sein. Pro Tag eine Lüge weniger! Vielleicht kannst du auch gleich einen ganzen lügenfreien Tag einführen. Und wenn du das geschafft hast, gehst du zum nächsten Schritt über.

Mach nicht mit bei den Lügen anderer! Sicher gibt es den einen oder anderen deiner Klassenkameraden, der gern über andere lästert, sich über jemanden lustig macht oder schlechte Sachen

über ihn verbreitet. Die mögen vielleicht witzig sein, machen aber andere zu Opfern und schließen sie aus. »Schau mal, wie bescheuert Emil aussieht!« Warum muss man so etwas sagen? Vielleicht sieht Emil ja gar nicht schlecht aus, und der andere sagt es aus reiner Bosheit? Und falls Emil wirklich hässlich ist, braucht er das nicht ständig zu hören, oder?

Tu etwas gegen solche Lügen und Tratschereien.

Klatsch und Tratsch sind sowieso ein Kapitel für sich. Sicher hast du schon Gerüchte gehört wie zum Beispiel: »Weißt du schon, dass Rosa mit Lukas geht, obwohl sie eigentlich Ole lieber mag?« Wenn du so etwas hörst, frage nach: »Woher willst du das wissen? Wer hat es dir erzählt? Hast du es erfunden?«

Gehe den Dingen auf den Grund und stelle sie infrage. Gehe zu den Betroffenen und versuche vorsichtig, die Wahrheit herauszufinden.

So kannst du blöden Tratsch gleich zu Beginn aushebeln. »Ach was, die beiden sind einfach nur Freunde und kennen sich schon seit dem Kindergarten.«

Kann sein, dass du dich bei den Lästermäulern unbeliebt machst und womöglich das nächste Ziel ihrer üblen Nachrede sein wirst. Aber als Revolutionär oder Revolutionärin hältst du das aus! Und du wirst trotz allem im richtigen Moment die Wahrheit offenlegen. Pass auf, dass du nicht selbst Tratsch in Umlauf setzt und keine Neugier auf solches Gerede zeigst.

Dann wirst du sehen, dass die Leute um dich herum allmählich die Lust an solchen Geschichten verlieren. Und dass ihr über ganz andere Dinge reden werdet.

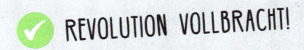

REVOLUTION VOLLBRACHT!

Schreibe hier auf, welche Lügen du dir verkniffen hast und welchen Klatschgeschichten du keinen Glauben geschenkt hast.

Lügen	Klatsch
....	....
....	....
....	....
....	....
....	....
....	....

WERTUNG
Aufmüpfigkeit ● ● ● ● ●
Umweltschutz ●
Die gute Tat ● ● ●
Verzicht ●
Neuentdeckung ● ● ● ● ●

AUFWAND
Keiner

DAUER
Langfristiger Verhaltenswandel

BUCHTIPP
Fake News von Karoline Kuhla

REVOLUTION 22

Lass dir vom Bürgermeister drei Versprechen geben

Weißt du, was eines der großen Probleme unserer Zeit ist? Dass die Politik sich nicht mehr für die Menschen interessiert – und umgekehrt. Aber wenn sich alle von der Politik abwenden, wie kann man dann sicher sein, dass gute Entscheidungen zum Wohl der Allgemeinheit getroffen werden? Zum Glück gibt es dich und deine Mitrevolutionäre, die zu allem bereit sind und sich gern auf die Politik einlassen. Ihr könntet folgende Aktivitäten starten:

1. Ihr bittet per E-Mail um ein Treffen mit eurem Bürgermeister oder eurer Bürgermeisterin.
2. Ihr führt mit ihm oder ihr ein Interview.

3. Übergebt ihm oder ihr eine Liste mit Themen, die euch dringlich erscheinen.
4. Lasst euch drei Versprechen von ihm oder ihr geben.
5. Achtet in den folgenden Monaten darauf, ob diese Versprechen auch eingehalten werden.

Um die Chance zu erhöhen, den Bürgermeister eurer Stadt oder eures Dorfes zu treffen, gebt ihr am besten an, dass ihr ein Interview mit ihm benötigt, weil ihr ein »kulturelles Projekt« durchführen wollt. Bei einer kleineren Ortschaft sollte das kein Problem sein, bei etwas größeren Städten könnte es schon schwieriger werden und richtig schwierig in einer Großstadt. In solchen Fällen könnt ihr auch den Zweiten Bürgermeister oder ein Stadtratsmitglied fragen. Wenn ihr euch mit dem Stadtrat nicht auskennt, informiert euch auf der offiziellen Webseite eurer Stadt.

Bereitet die Fragen für euer Interview gut vor, sie sollten interessant sein, zum Beispiel, wie die Stadtverwaltung funktioniert, und warum die Stadt bestimmte Probleme hat. Warum es nur so wenige Grünanlagen gibt und warum die immer schmutzig sind. Warum man auf den Gehwegen kein Skateboard fahren darf. Weshalb die Autos meistens zu schnell durch Kinderspielstraßen fahren. Ihr könnt die Antworten mitnotieren oder – wenn ihr dürft – sogar mit einem Aufnahmegerät aufzeichnen.

Für ein solches offizielles Treffen ist ein ordentliches Outfit wichtig. Deine Kleidung muss nicht

unbedingt elegant, aber gepflegt sein. Ihr müsst Respekt zeigen, wenn ihr respektvoll behandelt werden wollt. Und wenn ihr mit dem Reden an der Reihe seid, versucht euer Gegenüber zu drei Versprechen zu bewegen. Es sollten realisierbare Dinge sein, die euch am Herzen liegen. Zum Beispiel ein Extragelände für die Hunde im Park. Ein Fahrradfestival in eurem Viertel. Ein Fußballturnier oder ein Hip-Hop-Wettbewerb ... Sicher fällt euch etwas Schönes ein. Sonst erkundigt euch zuvor nach den Wünschen eurer Freunde, fragt in Tanzschulen oder Fußballvereinen nach. Was fehlt in eurer Wohngegend? Was wäre dringend nötig? Natürlich muss es etwas sein, was die Gemeinde auch verwirklichen kann.

Bittet darum und lasst euch diese drei Versprechen geben. Oder wenigstens eines, aber dann muss es ein besonders großes sein.

Anschließend bedankt ihr euch und macht gleich einen neuen Termin in drei Monaten aus. Und während dieser drei Monate über-

prüft ihr, ob sich in der Sache auch etwas vorwärtsbewegt.

Und wenn die drei Monate vorbei sind, könnt ihr entweder euren Erfolg feiern oder ihr erkundigt euch mit Nachdruck, wann das Versprechen endlich erfüllt werden wird.

Eine weitere Herausforderung: Wenn ihr wollt, könnt ihr die Versprechen in den Kasten hier schreiben und den Bürgermeister oder die Bürgermeisterin bitten, sie zu unterschreiben.

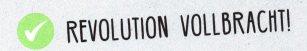

REVOLUTION VOLLBRACHT!

Notiere hier die Versprechen, die ihr dem Bürgermeister abgerungen habt:

1) ....

2) ....

3) ....

WERTUNG		AUFWAND
Aufmüpfigkeit	●	Groß
Umweltschutz	●●●	**DAUER**
Die gute Tat	●●●●●	1 Mal
Verzicht	●	
Neuentdeckung	●●●	

BUCHTIPP
Eulen von Carl Hiaasen

REVOLUTION 23

Führe einen Tag des Lächelns ein

Manchmal gibt es schrecklich graue Tage, an denen alles irgendwie schiefläuft. An denen man keinen Grund zum Lächeln hat. Kennst du das? Nun, genau dann ist ein kleiner Stimmungsumsturz vonnöten! Und das hier ist deine Aufgabe: Lächele und bringe andere Menschen zum Lächeln – was durchaus zwei verschiedene Dinge sind.

Dieses Vorhaben klingt zunächst einmal einfach, aber du brauchst schon ein bisschen Mumm dazu. Einen ganzen Tag lang – es kann auch ein schulfreier Tag sein – sollst du jedem, der dir entgegenkommt, ins Gesicht sehen und ihm ein nettes Lächeln schenken. Du wirst staunen, was diese kleine Geste für eine Reaktion bewirkt. Denn auch der andere wird anfangen zu lächeln. Und falls er dich nach dem Grund fragt, dann erkläre, dass du ein(e) Revolutionär(in) bist und etwas gegen die miese Stimmung tun willst. Studien haben übrigens ergeben, dass ein natürliches Lächeln das Gesicht um mindestens drei Jahre verjüngt und dass, wer häufig lächelt, sein Leben um fast sieben Jahre verlängern kann. Nicht schlecht, was? Also dann mal los!

✓ REVOLUTION VOLLBRACHT!

Notiere hier den Ort, an dem du die lächelnde Revolution durchgeführt hast, sowie das Datum.

....

Klebe hier ein Foto von dir ein, auf dem du lächelst.

WERTUNG		AUFWAND
Aufmüpfigkeit	●●●●	Gering
Umweltschutz	●	**DAUER**
Die gute Tat	●●●●	1 Mal im Monat
Verzicht	●●	
Neuentdeckung	●●	

BUCHTIPP
Wunder von Raquel J. Palacio

REVOLUTION 24

Lass dir nichts von der Mode diktieren

Die deutsche Modeindustrie setzt jährlich schätzungsweise 35 Milliarden Euro um. Wie gelingt ihr das? Durch dich, durch uns, durch alle. Schau dir einmal an, was du trägst. Wie viele deiner Klamotten haben einen Namen? Dein T-Shirt? Die Jacke? Die Schuhe? Sogar die Unterhose? Tja, jeder Name, den du liest, ist eine Marke. Und alle Marken zusammen bestimmen die Mode. Wohlgemerkt, es ist nichts Schlechtes, Markenkleidung zu tragen. Allerdings sollte man sich keinesfalls »daneben« oder »out« fühlen, wenn man nichts von dem besitzt, was gerade angesagt ist.

Und genauso unsinnig ist es, für eine Jeans oder ein Sweatshirt eine große Geldsumme auszu-

geben, nur weil die betreffende Marke gerade hip ist.
Schlaue Revolutionäre wie du versuchen es anders zu machen ...

Das hier ist eine einfache Revolution: Sobald du ein neues Paar Schuhe, ein T-Shirt oder eine Jeans benötigst, mache einen Bogen um die bekanntesten Marken und suche stattdessen etwas aus, was dir ebenfalls gefällt, von einer weniger bekannten (und günstigeren) Marke.
Muss es unbedingt der Pulli deines Lieblingsfußballers oder einer bewunderten Schauspielerin sein? Mache dir klar: Meistens sind nicht sie es, die diese Stücke für sich auswählen, sondern sie werden dafür bezahlt, sie zu tragen!
Suche also nach weniger berühmten Marken, schau dich in Secondhand-Shops oder auf dem Kleidermarkt um. Am besten kaufst du Sachen, die in deinem Land, vielleicht sogar in deiner Region hergestellt wurden.
Möglich wäre auch, die Kleider von anderen aufzutragen. Wenn der Pulli deines Bruders, Großvaters oder eines Cousins noch in gutem Zustand ist, könnte er dir doch ebenfalls stehen und dich warm halten. Es gibt immer irgendjemanden in der Familie, der Klamotten aussortiert, weil sie ihm nicht mehr passen – warum sollte man sie wegschmeißen? Vielleicht gefallen sie ja dir? Damit verlängerst du das »Leben« einer Sache und trägst ein Stück Geschichte. Und falls irgendeiner findet, du wärst nicht hip, antworte ihm einfach, er selbst sei es, der nicht »vintage« ist.

✓ REVOLUTION VOLLBRACHT!

Notiere hier die Ladenpreise fünf verschiedener Kleidungsstücke – und zwar jeweils einmal von Markenkleidung und einmal von unbekannten Firmen – und vergleiche.

Kleidungs-stück	Hippe Marke	Unbekannte Marke
T-Shirt	....	....
Hose	....	....
Hemd	....	....
Schuhe	....	....
Pulli	....	....

WERTUNG

Aufmüpfigkeit ● ● ● ● ●

Umweltschutz ● ●

Die gute Tat ● ● ● ●

Verzicht ● ● ● ● ●

Neuentdeckung ● ● ●

AUFWAND
Keiner

DAUER
Langfristiger Verhaltenswandel

BUCHTIPP
Eine für vier von Ann Brashares

REVOLUTION 25

Lass dir von älteren Menschen aus ihrem Leben erzählen

Bücher und das Internet sind tolle Mittel, um etwas über die Welt zu erfahren. Aber nichts ersetzt die persönliche Erzählung. Viele alte Menschen waren dabei, als sich in der Vergangenheit große Dinge ereignet haben, und es ist etwas ganz Besonderes, sie einmal erzählen zu hören.

Frage eine ältere Person nach den wichtigen Erlebnissen in ihrem Leben. Und wenn der Betreffende nichts dagegen hat, versuche seine Erzählungen festzuhalten. Du brauchst dafür nur ein kleines Diktiergerät. Oder du filmst mit deiner Handykamera – natürlich auch das nur, wenn die Person einverstanden ist.

Vielleicht kennst du auch eine

alte Person, die Dialekt spricht und dir so aus ihrer Jugend erzählen kann. Dann höre aufmerksam zu und lass dir mindestens zehn Dialektwörter beibringen. Schreibe sie auf und verwende sie ebenfalls.

Wen kannst du fragen? Ganz sicher gibt es ältere Menschen in deiner Verwandtschaft, deine Großeltern, Onkel oder Tanten. (Aber nimm nicht deine Mutter, sonst ist sie gekränkt.) Wenn du unternehmungslustig bist und vielleicht gleichzeitig Revolution 09 machen möchtest, gehst du in den nächsten Park oder in ein Seniorenheim und schaust, ob du dort ältere Herrschaften kennenlernen kannst. Erkläre ihnen, dass es dir nur ums Zuhören geht. Dass du neugierig bist und dich für sie interessierst.

Und hier noch ein paar Tipps:
- Erkundige dich vorher, von welcher Begebenheit die Person erzählen möchte. Falls sie zwischendurch den Faden verliert, kannst du sie wieder an das Thema erinnern.
- Bringe etwas zu trinken mit. Am besten fragst du vorher, was dein Gegenüber trinken mag oder darf.
- Mache dir Notizen. Schreibe deine Eindrücke auf, eventuell auch mögliche Stimmungswechsel.

Wenn du von den Erzählungen eine Aufnahme gemacht hast, bewahre sie gut zu Hause auf oder nimm sie mit in die Schule und teile sie mit deiner Klasse, wenn die betreffende Person damit einverstanden ist.

REVOLUTION VOLLBRACHT!

Notiere hier den Namen des alten Menschen, der dir aus seinem Leben erzählt hat, das Thema und wie du die Geschichte festgehalten hast.

....
....
....

Notiere hier die Dialektwörter und wie sie klingen:

1) ....
2) ....
3) ....

WERTUNG		AUFWAND
Aufmüpfigkeit	● ●	Groß
Umweltschutz	●	
Die gute Tat	● ● ●	**DAUER**
Verzicht	● ●	3 Mal
Neuentdeckung	● ● ● ●	

FILMTIPP
Oben von Pete Docter und Bob Peterson

REVOLUTION 26

Werde zum glühenden Mülltrenner

Schau einmal bei dir zu Hause in die Speisekammer oder den Schrank, in dem ihr eure Lebensmittel aufbewahrt. Was siehst du? Keksschachteln (aus Pappe), Marmeladentöpfe (aus Glas), Thunfischdosen (aus Metal!), Nudelpackungen (aus Plastik) ... Nehmen wir einmal an, du schaffst es, das alles aufzuessen, so wird zum Schluss doch etwas übrig bleiben: Pappe, Glas, Metall und Plastik, die alle entsorgt werden müssen. Diese Verpackungen sind zwar sehr praktisch, aber am Ende ganz schön überflüssig. Hast du schon einmal ein Buch per Post bestellt, statt es in einem Buchladen zu kaufen? Dann hast du nicht nur das

Buch erhalten, sondern auch einen Umschlag oder Pappkarton mit lauter Werbung darin, und das Buch war in Plastikfolie gewickelt. Und wenn du dir in einem Laden die Sneaker gekauft hast, die du dir heiß gewünscht hattest, hast du die Schuhe sicher nicht einfach nur angezogen und bist weggegangen, sondern hast eine Schuhschachtel dazubekommen, mit lauter Füllpapier darin, und das Ganze in einer großen Plastiktüte.

Früher, vor langer Zeit, gab es gar keine Verpackungen, sondern nur die Sachen selbst. Und manchmal nicht einmal die, denn man musste Glück haben, bestimmte Dinge überhaupt zu bekommen. Abfall bestand meist aus Ziegeln oder Steinen oder Baumaterial (das man wiederverwendete), aus Eisenobjekten wie Werkzeug (das man einschmolz, um neues herzustellen) oder aus Holzgegenständen (die man notfalls verbrannte, um Wärme zu erzeugen). Heute könnte man all die Riesenmengen unnützer Dinge nicht

mehr verbrennen, zumal viele davon beim Verfeuern Gestank und giftige Dämpfe erzeugen würden. Stattdessen bist du jetzt gefragt, ein feuriger Drache der Mülltrennung zu werden.

Was voneinander getrennt werden muss: Papier und Pappe, Kompost, Plastik, Glas, Metall und alles, was als Restmüll bezeichnet wird. Der Kompost oder Biomüll ist das, was von essbaren Dingen übrig bleibt, also Apfelschalen, Käserinden, Eierschalen und so weiter. Wenn du einen Garten hast, kannst du diesen Müll kompostieren. Nimm einen verschließbaren Plastikeimer und schneide mit der Hilfe eines Erwachsenen den Boden ab. Bohre am besten ein paar Löcher in den Eimer. Dann steckst du ihn in die Erde. Jedes Mal, wenn du pflanzliche Abfälle und Rohkostreste hast, wirf sie in deinen Eimer im Garten. Nach ein paar Wochen wirst du feststellen: a) Es stinkt fürchterlich! (Gut so, denn das heißt, die Sachen, die du hineingeworfen hast, beginnen sich zu zersetzen

und werden zu Dünger für die Erde.)
b) Es sind lauter kleine Fliegen darin. (Noch besser!)
c) Es kriechen Würmer drin herum. (Ausgezeichnet. Das heißt, dass sich Erde und organischer Müll miteinander verbinden.) Schließe schnell den Deckel wieder und lass deinen Kompost in Ruhe. (Allein diese Entdeckung ist eine echte Revolution: dass die Natur nicht immer schön ist und duftet, sondern oft sticht, krabbelt oder stinkt.)

Nach einiger Zeit wirst du diesen Kompost verwenden können, um die Beete in deinem Garten zu düngen.

Als Nächstes suche in deinem Wohnort nach verschiedenfarbigen Containern. Manchmal verstecken sie sich in irgendwelchen Nebenstraßen oder auf Plätzen, aber es gibt sie garantiert. Sie haben in der Regel folgende Farben:
- Glas kommt in den grünen Container.
- Papier und Pappe kommen in den blauen Altpapiercontainer.
- Plastik kommt in die gelbe Tonne.
- Biomüll und Kompost in die braune Tonne (wenn du keinen Gartenkompost hast).
- Und den gesamten Restmüll solltest du in eure private schwarze Tonne werfen.

Wenn du mit Dracheneifer sämtlichen Hausmüll entsorgt hast, brauchst du nur noch eines: einen großen Zettel, den du in deinem Zimmer oder in der Küche aufhängst und auf dem du notierst, wie viele Müllsäcke du wohin geschafft hast.

Vereinbare mit deinen Eltern eine kleine Belohnung für jeden zehnten Sack, den du entsorgt hast (denn auch Drachen müssen ein wenig angefeuert werden). Und achte einmal darauf, was ihr zu

Hause alles verbraucht und wie viele Säcke dabei zusammenkommen. Sind es sehr viele? Zu viele? Versuche, den Müll zu reduzieren. Recycling ist eine gute Sache, aber weniger Müll zu produzieren, ist noch viel besser. Stell dir vor, ein Engländer namens Rob White hat es geschafft, zusammen mit seiner Frau in einem ganzen Jahr nur eine einzige Mülltonne zu füllen! Ein wahrer Mülldrache ...

Eine weitere Herausforderung: Lass dich zu einer Mülldeponie bringen und schau dir an, wie sie funktioniert und was dort mit den verschiedenen Sachen geschieht, die nicht mehr gebraucht werden. Frage einen Mitarbeiter, ob er ein wenig Zeit hat, dir alles zu erklären. Vielleicht kannst du in der Schule anregen, dass deine Klasse an einem Vormittag eine Mülldeponie besucht.

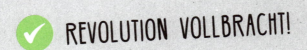

REVOLUTION VOLLBRACHT!

Notiere die Anzahl der Müllsäcke, die du in verschiedene Tonnen und Container geworfen hast.

Anzahl

.... Glascontainer
.... Altpapiercontainer
.... Gelbe Tonne
.... Biomülltonne

WERTUNG		AUFWAND
Aufmüpfigkeit	● ● ●	Groß
Umweltschutz	● ● ● ● ●	**DAUER**
Die gute Tat	● ● ● ●	Langfristiger Verhaltenswandel
Verzicht	●	
Neuentdeckung	● ● ● ● ●	

BUCHTIPP
Müll – Alles über die lästigste Sache der Welt
von Gerda Raidt

REVOLUTION 27

Spiele Videospiele – in der Gruppe

Videospiele sind eine großartige Sache, denn sie erzählen auf ganz neue Weise Geschichten. Gleichzeitig sind sie ein Teufelszeug, das uns nicht mehr vom Sofa hochkommen lässt und außerdem noch eine Menge kostet! Es sei denn, man unternimmt eine kleine Revolution ...

Wenn du eine Konsole besitzt, kaufe ab sofort keine Download-Games mehr online – aus einem einfachen Grund: Man kann sie nicht miteinander tauschen. Kaufe stattdessen Videospiele als CD. Du und deine Spielfreunde und Mitrevolutionäre legt euer Geld zusammen und kauft euch ein Spiel für euch alle.

Wechselt euch damit ab, wer es aufbewahrt, aber gespielt wird nur gemeinsam! Keiner und keine darf es allein spielen, wenn nicht mindestens ein anderes Mitglied der Freundesgruppe im Zimmer anwesend ist! So seid ihr ein echtes Team.

REVOLUTION VOLLBRACHT!

Liste hier die Namen aller Mitbesitzer des Spiels auf sowie ihre jeweils erreichten Bestleistungen. Auch eventuelle Trophäen, Spezialmissionen oder hinzugewonnene Fähigkeiten.

Name	Bestleistung	Extra
....	....	....
....	....	....
....	....	....
....	....	....
....	....	....
....	....	....
....	....	....
....	....	....

WERTUNG		AUFWAND
Aufmüpfigkeit	●●●	Gering
Umweltschutz	●	
Die gute Tat	●	**DAUER**
Verzicht	●●●●●	Langfristiger Verhaltenswandel
Neuentdeckung	●●●	

BUCHTIPP
Unnützes Wissen für Gamer: 555 Fakten über Videospiele
von Björn Rohwer

REVOLUTION 28

Tausche Bücher und Comics

Lesen ist eines der schönsten Hobbys überhaupt, aber gleichzeitig eine einsame Sache. Doch echte Revolutionäre schaffen es, sogar daraus etwas Gemeinschaftliches zu machen. Gründe eine kleine Lesegruppe!
Sicher haben deine Freunde und du einen unterschiedlichen Geschmack, was Bücher und Comics betrifft. Das hier ist die Gelegenheit, es genauer herauszufinden. Jeder von euch schreibt eine Liste der Comics und Bücher, die er oder sie gelesen hat und zu Hause besitzt, und stellt sie den anderen zur Verfügung. Ihr könnt die Liste von Hand oder per Computer schreiben, ganz egal. Wenn ihr eure Listen fertig habt, darf jedes Gruppenmitglied Bücher oder Comics der anderen anfragen

und sich ausleihen. (Dabei geht ihr natürlich nur gut damit um.) Am Ende des Monats trefft ihr euch und tauscht euch über eure Eindrücke aus. Erzählt, welches Buch ihr gelesen habt, welche Geschichten euch am besten gefallen haben und welche ihr überhaupt nicht mochtet. Und dann macht mit dem Tauschen weiter! Was hast du dabei Neues über dich und deine Freunde erfahren?

✅ REVOLUTION VOLLBRACHT!

Mit dieser Tabelle behaltet ihr den Überblick über euren Austausch.

Verliehen von	An wen	Was	Zurückgegeben am

WERTUNG		AUFWAND
Aufmüpfigkeit	●●●	Gering
Umweltschutz	●	**DAUER**
Die gute Tat	●	Langfristiger Verhaltenswandel
Verzicht	●●●●●	
Neuentdeckung	●●●	

BUCHTIPP

Wortwächter von Akram El-Bahay

REVOLUTION 29

Überwinde eine deiner Ängste

Klar, alle haben Angst vor irgendetwas. Auch wir, die Autoren dieses Buchs. Pierdomenico zum Beispiel war nie gern allein. Federico hingegen ist nicht gern mit vielen Menschen zusammen. Wir passen also zusammen wie die Faust aufs Auge ... Aber im Ernst, jedermann fürchtet sich vor irgendetwas: vor der Dunkelheit, vor Höhe, vor zu großen Plätzen, sogar vor Ordnung oder vor Schmutz. Manche haben Angst vor Hunden, andere vor Katzen oder Mäusen. Oder vor bestimmten Menschen. Vielleicht ist dir Tante Maja unheimlich, weil sie so schnell Auto fährt. Dann hast du wohl auch ein wenig Angst vor Autos. Und

Angst vor dem Fliegen? Vor Schiffsreisen?

Für jede Angst gibt es eine bestimmte Ursache, genau wie für deinen persönlichen Geschmack. Pierdomenico zum Beispiel mag keine Melonen, weil er sie von klein auf nie besonders gut vertragen hat. Mit den Ängsten verhält es sich ähnlich: Irgendwann in deinem Leben hast du etwas emotional nicht gut vertragen, und seitdem hast du diese Angst. Vielleicht hat dich ein Hund gebissen (und danach kam deine Argst vor Hunden), oder dein Vater hat dich so oft vor Hunden gewarnt, dass du Angst vor ihnen bekommen hast, selbst ohne gebissen worden zu sein. Das ist nicht selten.

Diese Revolution besteht darin, sich mindestens einer Angst bewusst zu werden und zu versuchen, sie zu überwinden. Vielleicht die vor Mathe? Oder die vor einer Impfung. Oder dem Termin beim Zahnarzt. Eine Angst zu überwinden bedeutet, sich Mut

anzutrainieren. Und es lohnt sich, das einmal auszuprobieren, selbst wenn du die Angst am Ende doch nicht loswerden kannst. So geht es manchmal mit Revolutionen. Aber wenn es dir gelungen ist, hast du etwas Schönes geschafft. Du hast die allzu heftig warnende Stimme und die Angst in dir einfach ignoriert.

Mut ist nämlich etwas, das man sich antrainieren kann. Wie besiegt man eine Angst? Indem man sich immer wieder sagt, dass man diese Angst gar nicht hat. Indem man sich selbst beruhigt und den Gegenstand seiner Angst näher betrachtet. Ist die Nadel der gefürchteten Impfspritze nicht eigentlich ganz schön dünn? Und bellt der Hund vielleicht nur deshalb so laut, weil er selbst Angst hat?
Viel Erfolg bei dieser Revolution! Probiere es aus, und vielleicht wird dadurch auch deine nächste Angst schon gleich viel kleiner.

Eine weitere Herausforderung: Hilf auch einem Freund

oder einer Freundin dabei, eine ihrer Ängste zu überwinden. Bringe ihnen Schwimmen bei, falls sie sich vor dem Wasser fürchten. Oder erkläre ihnen, dass es nicht stimmt, dass Fledermäuse den Menschen in die Haare flitzen, und dass man deshalb nicht schreien muss, wenn eine vorüberfliegt.

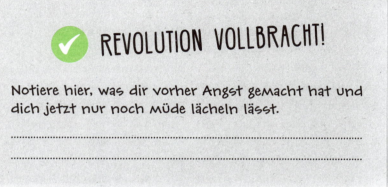

REVOLUTION VOLLBRACHT!

Notiere hier, was dir vorher Angst gemacht hat und dich jetzt nur noch müde lächeln lässt.

....

....

WERTUNG		AUFWAND
Aufmüpfigkeit	●●●	Groß
Umweltschutz	●	
Die gute Tat	●	**DAUER**
Verzicht	●●●●	Langfristiger Verhaltenswandel
Neuentdeckung	●●●●	

FILMTIPP
Gänsehaut von Rob Letterman

REVOLUTION 30

Verbringe einen Tag ohne elektrisches Licht

Der elektrische Strom ist so sehr Teil unseres täglichen Lebens, dass wir ihn kaum noch wahrnehmen. Am besten wird man sich seiner Existenz bewusst, wenn man einmal einen Tag lang auf künstliches Licht verzichtet. So erinnern wir uns auch daran, dass über eine Milliarde Menschen auf der Welt ohne Strom leben müssen! Wähle einen Sonntag aus und bitte deine Familie um ihr Einverständnis. Schalte an dem betreffenden Morgen alles aus, was mit elektrischem Licht verbunden ist (außer Kühl- und Gefrierschränke): den Fernseher, sämtliche Digitaluhren, das Smartphone, den PC und eure Stereoanlage. Versuche einmal, es ohne all diese Dinge auszuhalten. Wenn es draußen dunkel wird, zündet ihr Kerzen an. Falls du im siebten Stock wohnst und es einen Aufzug gibt, benutze die Treppe! Und wenn der Tag zu Ende ist, überlege, wie du das Ganze empfunden hast.

Eine weitere Herausforderung: Werde zu Hause zum Lichtkontrolleur! Überprüfe, bevor du auf die Straße gehst, ob auch in allen Räumen das Licht ausgeschaltet ist. So spart ihr Energie und Geld.

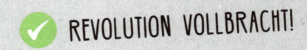

REVOLUTION VOLLBRACHT!

Liste hier auf, was dir an diesem Tag die meisten Probleme bereitet hat.

Uhrzeit	Problem	Lösung
....	....	....
....	....	....
....	....	....
....	....	....
....	....	....
....	....	....
....	....	....
....	....	....
....	....	....
....	....	....

WERTUNG		AUFWAND
Aufmüpfigkeit	●●●●●	Mittel
Umweltschutz	●●●●●	**DAUER**
Die gute Tat	●	1 Mal
Verzicht	●●●●●	
Neuentdeckung	●	

BUCHTIPP

Ein Haus erzählt von Roberto Innocenti

REVOLUTION 31

Versuche, an einem Tag nur zwei Liter Wasser zu verbrauchen

Hast du beim Zähneputzen den Wasserhahn laufen lassen? Und stehst du gern lang unter der Dusche? So geht es Millionen von Menschen, und tatsächlich ist unser Wasserverbrauch enorm. Ein Deutscher verbraucht durchschnittlich 130 Liter Wasser am Tag. Dabei haben nicht alle so leichten Zugang zu Wasser wie wir. Diese Sparsamkeitsrevolution macht uns bewusst, was für ein großes Privileg das ist. Verbrauche also einmal an einem Tag nur maximal zwei Liter Wasser.

Fülle vier Halbliterflaschen oder zwei Literflaschen mit Wasser. Die müssen bis morgen für dich ausreichen. Und zwar für alles: fürs Waschen, Trinken und Kochen. Bitte deine Eltern, von diesem

Wasser zu nehmen, wenn sie für dich Nudeln kochen oder Gemüse und wenn sie Früchte waschen! Und du sollst es auch verwenden, wenn du aufs Klo gehst, statt die Spülung zu betätigen. Beobachte, wie schnell das Wasser verbraucht ist und wie wenig es ist. Und wenn du am nächsten Tag etwas muffiger riechst als sonst, dann ist es wenigstens für einen guten Zweck!

Eine weitere Herausforderung: Verlängere die Erfahrung dieses Tages und versuche, in einer Woche nicht mehr als zwanzig Liter Wasser zu verbrauchen. (Okay, die Klospülung darfst du diesmal benutzen.)

✓ REVOLUTION VOLLBRACHT!

Schreibe hier auf, wie du dir das Wasser den Tag über eingeteilt hast.

Uhrzeit	Für was hast du das Wasser gebraucht
....	....
....	....
....	....
....	....
....	....
....	....
....	....
....	....

WERTUNG		AUFWAND
Aufmüpfigkeit	●●●●●	Mittel
Umweltschutz	●●●●●	**DAUER**
Die gute Tat	●	1 Mal
Verzicht	●●●●●	
Neuentdeckung	●	

BUCHTIPP
Der lange Weg zum Wasser von Linda Sue Park

REVOLUTION 32

Gründe eine Bank der Gefälligkeiten

Es heißt immer, ohne Geld läuft gar nichts. Aber stimmt das? Eigentlich nicht, denn nicht alles lässt sich kaufen. Es gibt viele Möglichkeiten, sich und anderen auch ohne Geld Wünsche zu erfüllen. Zum Beispiel kann man einen Tauschhandel mit Zeit und Fähigkeiten betreiben und einander auf diese Weise verschiedene Gefallen tun. Du kannst schon mal anfangen, Geld zu drucken – nämlich Banknoten der Gefälligkeiten.

Dabei geht es um eine Art Papiergeld, deren Wert in einer persönlichen Handlung besteht, in einem Gefallen, den man jemandem tut. Du gibst diese Banknote einer anderen Person anstelle von normalem Geld, wenn du etwas bei ihr »kaufst«. Wer deine Banknote annimmt, kann sie »einlösen«, indem er oder sie dich dafür um einen Gefallen bittet. Stelle kleine Scheine her (für kleine Gefälligkeiten), mittlere und große. Überlege dir, wie du sie gestalten willst, vielleicht zusammen mit deiner Clique.

Du brauchst dazu:
- Papier
- Filzstifte
- Bleistift
- Schere

Denke dir Symbole für die Gefälligkeiten aus. Schneide fünf kleine Scheine, drei mittlere und einen großen aus. Wenn du eine dieser Banknoten ausgibst, denke daran, deinen Namen draufzuschreiben, sodass derjenige weiß, bei wem er die Gefälligkeit einlösen kann.

Worin könnten diese Gefallen bestehen? Es könnte zum Beispiel um Mathenachhilfe gehen, eine Hausarbeit, bei der du deinen Freund unterstützt, um Rasenmähen oder das Ausleihen deines Fahrrads. Zahle mit deiner Banknote, und dafür erledigst du früher oder später einen kleinen Auftrag.

Der Empfänger der Banknote kann sie seinerseits weitergeben, sodass du am Ende vielleicht jemand ganz anderem einen Gefallen tust als anfänglich gedacht.

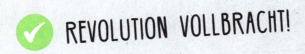

REVOLUTION VOLLBRACHT!

Schreibe hier auf, welche Banknote du wem gegeben hast.

Person	Art der Banknote	Bemerkung
....	....	....
....	....	....
....	....	....
....	....	....
....	....	....

WERTUNG

Aufmüpfigkeit ●
Umweltschutz ● ●
Die gute Tat ● ● ● ● ●
Verzicht ●
Neuentdeckung ● ● ● ●

AUFWAND
Groß

DAUER
1 Mal

BUCHTIPP
Das Weihnachtswunder von Schneeberg von Dagmar Geisler

REVOLUTION 33

Iss nur das, womit du dich selbst versorgen kannst

Wir leben in einem modernen Schlaraffenland. Wir müssen uns nicht besonders darum bemühen, etwas Essbares zu finden, sondern brauchen nur den Kühlschrank oder die Speisekammer zu öffnen. Und wenn nichts mehr darin ist, gehen wir zum nächsten Supermarkt oder bestellen etwas per Telefon, und schon haben wir leckere Lebensmittel zu Hause. Aber was wissen wir eigentlich über das, was wir essen? Und woher es kommt? Wie man es erntet, zubereitet und zu uns transportiert? Versuche, dir einmal selbst Lebensmittel zu beschaffen. Du wirst sehen, dass nicht einmal ein Stück Brot etwas Selbstverständliches ist, und kannst deine Erfahrung hinterher mit anderen teilen.

Es ist eine anspruchsvolle Revolution, und weil sie nicht einfach ist, wollen wir dir keine Dauer vorgeben. Versuche einfach, ein paar Tage lang hauptsächlich das zu essen, womit du dich selbst versorgen kannst. Wenn du gerade einen Apfel isst, den du eigenhändig gepflückt hast, und trotzdem dem Pfannkuchen deiner Mutter nicht widerstehen kannst, ist das völlig in Ordnung. Schließlich sollst du ja nicht vor Hunger in Ohnmacht fallen. Es ist der Gedanke, der zählt – bemühe dich einfach, so gut es geht.

Begib dich in Begleitung eines Erwachsenen zu den Schrebergärten deines Wohnorts und frage dort jemanden, ob du bei der Gartenarbeit helfen darfst. Du wirst feststellen, wie viel Mühe es macht, Erde umzugraben, Pflanzen zu säen, Beete zu gießen, zu jäten und abzuernten. Frage, ob du etwas von dem Gemüse, das du geerntet hast, kaufen darfst, nimm es mit nach Hause und iss es dort. Falls du in der Nähe eines Bauernhofs lebst, informiere dich auch über Käse, Eier und Milch.

Lerne, Ziegen und Kühe zu melken, und frage, ob du im Hühnerstall aushelfen und einige Eier erwerben darfst.

Was Fleisch und Fisch betrifft, wird die Sache schon schwieriger. Du könntest versuchen zu fischen. Es gibt Forellenteiche, wo man angeln lernen kann. Dann isst du nur den Fisch, den du selbst gefangen hast, und lässt dir von deinen Eltern zeigen, wie man ihn ausnimmt. Auch wenn dir das womöglich nicht leichtfällt.

Du musst natürlich nicht auch noch dein Steak selbst »erlegen«. Aber du könntest das Vieh auf einer Weide besuchen oder dich einmal in einem Schweinestall umsehen. Beobachte, wie die Tiere sich bewegen und was sie fressen. Vielleicht empfindest du Sympathie für sie und bewunderst ihre großen Augen. Dank ihres Opfers dürfen wir Schnitzel und Salamisandwiches genießen.

Nach dieser Revolution wirst du Lebensmittel sicher anders sehen und sie nicht mehr unnötig wegwerfen und verschwenden.

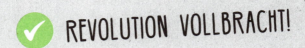

REVOLUTION VOLLBRACHT!

Liste hier auf, mit welchen Lebensmitteln du dich in dieser Woche selbst versorgen konntest und wie du an sie gelangt bist.

Tag	Lebensmittel	Wie beschafft
.....	.....	.....
.....	.....	.....
.....	.....	.....
.....	.....	.....
.....	.....	.....

WERTUNG

Aufmüpfigkeit ● ● ● ● ●
Umweltschutz ● ●
Die gute Tat ●
Verzicht ● ● ● ●
Neuentdeckung ● ● ●

AUFWAND
Groß

DAUER
1 Mal

BUCHTIPP
Allein in der Wildnis von Gary Paulsen

REVOLUTION 34

Verwende Dinge wieder

Wie viele Dinge werfen wir zu Hause weg! Flaschen, Konservendosen, Schachteln, Kleidungsstücke, Zeitungen, CDs ... und fast alles, was als Verpackung für etwas anderes dient. Wir kaufen ein, werfen die Hälfte von dem, was wir gekauft haben, weg und kaufen etwas Neues ein. Das wir dann wieder wegwerfen und immer so weiter, in einem Kreislauf, der Mülltüten, Container und Abfalldeponien immer weiter anschwellen lässt. Dabei könnte man aus vielen der weggeworfenen Dinge noch Spielzeug, nützliche Gegenstände oder kleine Kunstwerke herstellen. Probiere es einmal aus!

Aus allem lässt sich etwas Nützliches, Schönes oder Lustiges

machen, und man benötigt nur wenig dazu:
1. Fantasie
2. eine gute Idee
3. etwas Ausdauer

Schau dir einen Gegenstand einfach mal in Ruhe an (es kann auch ein abgenutzter sein), und dir wird sicher eine neue Verwendung dafür einfallen. Mit etwas Geschick kannst du ihn verwandeln, ihm mit Farbe neues Leben einhauchen und mit hinzugefügten Materialien einen neuen Zweck geben.

Wenn du beispielsweise ein paar alte Schlüssel anmalst, sie an dünne Ketten hängst und mit einem Pappuntersetzer verbindest, werden sie zu einem klingenden Windspiel oder einem schönen Traumfänger.

Alte Kaffeedosen oder Thunfischbüchsen, aber auch Tomaten- oder Bohnenkonserven werden als Stiftebox, Vasen oder perforierte Windlichter für Gartenfeste wiedergeboren. Plastikflaschen können zu praktischen und lustigen Aufbewahrungsbehältern für Büroklammern und anderem Kleinkram werden.

Kleidungsstücke lassen sich auf vielfältige Weise wiederverwenden. Die Ärmel alter Pullis können zu wärmenden Stulpen oder zu Mänteln für kleine Hunde werden. Aus dem Vorder- und Rückteil lassen sich Winterhandschuhe, Taschen oder Kissenbezüge herstellen.

Sogar mit Pizzakartons kann man überraschende Dinge anstellen. Sie können zu bunten Tablet-Taschen oder Wanduhren werden, vielleicht auch zu Spielfeldern für Fingerfußball – und als Spielfiguren könnt ihr Flaschendeckel verwenden.

Also los, verwandle Dinge aus eurem Hausmüll in sinnvolle Objekte! Selbst etwas, was du eben noch für nutzlosen Abfall gehalten hast, kann die Welt verschönern.

Eine weitere Herausforderung: Die einfachste Methode, um Kleider weiterzunutzen, ist, sie wieder anzuziehen! Entweder du trägst sie selbst, zum Beispiel Pullis und Hosen, die deinen älteren Geschwistern nicht mehr passen (wie schon in Revolution 24 erwähnt), oder du bringst sie zu einer der Altkleider-Sammelstellen in deiner Stadt, wie in Revolution 40 empfohlen.

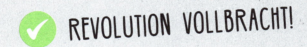# REVOLUTION VOLLBRACHT!

Liste auf, welchen Gegenstand du ursprünglich wegwerfen wolltest und was du dann Neues daraus gemacht hast.

Gegenstand	Verwandelt in
....	....
....	....
....	....
....	....

WERTUNG		AUFWAND
Aufmüpfigkeit	●●●●●	Groß
Umweltschutz	●●●●●	
Die gute Tat	●	**DAUER**
Verzicht	●●●●●	Langfristiger Verhaltenswandel
Neuentdeckung	●	

BUCHTIPP

Schrottroboter, Pappkühe & Co.:
Geniales aus Müll basteln & bauen von Annika Oyrabø

REVOLUTION 35

Lebe eine Woche lang wie in den Achtzigern

Es mag für dich unglaublich klingen, aber deine Großeltern und vielleicht sogar deine Eltern konnten sich früher auch ohne Internet und Fernsehen tagelang amüsieren. Wie wäre das für dich? Probiere es einmal aus, und entdecke das Spannende und Rebellische daran, ohne Handy, TV-Programm und Internet zu leben!

Sobald du dich bereit dafür fühlst, starte deine Woche ohne Spielkonsole, DVDs und Smartphone. Benutze zum Telefonieren nur das Festnetz. Ein Albtraum? Ach was ... in Wahrheit gibt es so viele Dinge, die du tun kannst, wenn die Hausaufgaben erst einmal erledigt sind. Vom Büchereibesuch bis zum Stadtbummel, von der Fahrradtour bis zur

Kanufahrt, dazwischen Bücher, Comics, Brettspiele oder einfach Abhängen mit deinen Freunden. Du könntest Musik hören (aber nicht MP3, es gelten nur Platten und Radio!), Telefonstreiche machen (nur vom Festnetz aus!), ein Gartenpicknick veranstalten oder eine Runde Fußball mit deinen Kumpels spielen. Es gibt so viele Möglichkeiten, den Nachmittag zu verbringen …

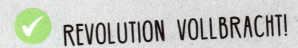

REVOLUTION VOLLBRACHT!

Schreibe hier auf, womit du deine Woche verbracht hast.

Tag	Zeitvertreib
Montag	....
Dienstag	....
Mittwoch	....
Donnerstag	....
Freitag	....
Samstag	....
Sonntag	....

WERTUNG		AUFWAND
Aufmüpfigkeit	●●●	Mittel
Umweltschutz	●●●	
Die gute Tat	●	**DAUER**
Verzicht	●●●●●	1 Mal
Neuentdeckung	●●●	

FILMTIPP

Captain Fantastic von Matt Ross

REVOLUTION 36

Versuche, ohne Auto auszukommen

Die Welt erstickt im Verkehr. Die Luft riecht schon nicht mehr gut. Du kannst gegen diesen Zustand aufbegehren und mit gutem Beispiel vorangehen: Fahre in der ganzen nächsten Woche mit dem Rad zur Schule, oder zumindest nicht mit dem Auto. Falls du noch zu jung bist oder deine Schule zu weit entfernt ist, nimm ein öffentliches Verkehrsmittel oder nutze den immer beliebteren »Pedibus«, mit dem mehrere Kinder, begleitet von einem Erwachsen, gemeinsam zur Schule gehen. Falls du diese Revolution nicht durchführen kannst, weil deine Eltern es nicht möchten, bemühe dich darum, dass ihr wenigstens einen weiteren Mitschüler in eurem Auto mitnehmen könnt.

Es ist schön, allein zur Schule zu gehen, und es hat auch positive Auswirkungen: Eine dänische Studie hat gezeigt, dass sich Schüler, die zu Fuß oder mit dem Fahrrad in die Schule kommen, im Unterricht bis vier Uhr nachmittags besser konzentrieren können.

Wenn du den Bus oder die Straßenbahn wählst, nimm deine Umgebung wahr. Und wenn du in Alaska lebst, nimm den Hundeschlitten. Vergiss nicht, beim Fahrradfahren immer einen Helm zu tragen!

Eine weitere Herausforderung: Überzeuge deine Eltern davon, es bei ihrem Arbeitsweg genauso zu machen oder das Auto mit einem Kollegen zu teilen!

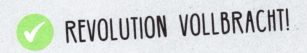

REVOLUTION VOLLBRACHT!

Schreibe auf, wie du diese Woche zur Schule gekommen bist.

Tag	Fortbewegungsart
Montag	....
Dienstag	....
Mittwoch	....
Donnerstag	....
Freitag	....

WERTUNG		AUFWAND
Aufmüpfigkeit	●●●	Mittel
Umweltschutz	●●●●	**DAUER**
Die gute Tat	●	Langfristiger Verhaltenswandel
Verzicht	●●●●●	
Neuentdeckung	●●●	

BUCHTIPP

Fennymores Reise oder Wie man Dackel im Salzmantel macht
von Kirsten Reinhardt

REVOLUTION 37

Mache fünf Dinge, die typisch für das andere Geschlecht sind

Unsere Eltern, Großeltern, Erzieher oder wer auch immer sich um uns kümmert, bringen uns unwillkürlich von klein auf dazu, ganz bestimmte Dinge zu tun – je nachdem, ob wir Jungs oder Mädchen sind. So kriegen Jungen oft einen Ball in die Hand gedrückt, Mädchen dagegen Stifte und Papier. Man nennt das unbewusste Vorurteile, und wir alle haben sie, meist ohne uns darüber im Klaren zu sein.

Unbewusste Vorurteile haben wir, wenn wir automatisch eine Meinung über jemanden haben, obwohl wir ihn gar nicht kennen. Wenn wir zum Beispiel davon ausgehen, dass Mädchen sowieso nicht gern Fußball spielen

und Jungs nicht gern zeichnen. Natürlich ist weder Fußballspielen noch Zeichnen etwas Schlechtes. Das Problem ist nur, dass wir manche Sachen in unserer Kindheit gar nicht ausprobieren konnten und deshalb nicht wissen, wie sehr sie uns gefallen würden oder ob wir darin vielleicht richtig gut wären. Neuere Forschungen der Gehirnwissenschaft besagen übrigens, dass Kinder (Jungen wie Mädchen), die von Anfang an häufig mit einem Ball gespielt haben, besser in Mathematik sind als die, die das nicht getan haben.
Was heißt das?
Sollten am besten alle mit einem Ball spielen?
Vielleicht.
Aber zu einer kleinen Revolution braucht es noch mehr.

Notiere dir fünf Dinge, die deiner Meinung nach typisch für das andere Geschlecht sind. Wenn du ein Junge bist, typisches »Mädchenzeug«, und umgekehrt.
Diese Revolution kannst du allein oder zusammen mit deiner Clique machen. Wenn du sie mit deinen Freunden durchführst, wählt gemeinsam die Dinge aus, die ihr tun wollt.
Aber wenn du dich ganz allein und instinktiv für etwas entscheidest, wirst du eher herausfinden, welche deine unbewussten Vorurteile sind.

Hast du die fünf Tätigkeiten aufgeschrieben? Gut, dann fange damit an. Und zwar mit allen fünf, immer eine pro Tag.
Und – war es schlimm?
Oder hast du deine Meinung darüber geändert?
Und wenn ja, inwiefern?

✓ REVOLUTION VOLLBRACHT!

Liste hier die fünf Dinge auf, die du ausprobiert hast.

Tätigkeit	Wie war es?
....	....
....	....
....	....
....	....
....	....

WERTUNG

Aufmüpfigkeit ● ● ● ● ●
Umweltschutz ●
Die gute Tat ● ●
Verzicht ● ●
Neuentdeckung ● ● ● ● ●

AUFWAND
Mittel

DAUER
1 Mal

BUCHTIPP
Letztendlich sind wir dem Universum egal von David Levithan

REVOLUTION 38

Organisiere eine Olympiade der alten Spiele

Wer sagt, dass man zum Spielen unbedingt eine Konsole und eine schnelle Internetverbindung benötigt? Man kann auch mit Spielen von früher Spaß haben. Organisiere einen olympischen Tag der vergessenen Spiele, den du mit deinen Freunden in eurem Hinterhof oder vielleicht auch auf dem Schulhof veranstaltest.

Kennst du »Schere, Stein, Papier«, Tauziehen und Murmeln oder auch Stelzenlauf, Sackhüpfen und »Räuber und Gendarm«? Früher konnte man sich mit ziemlich wenig die Zeit vertreiben. Bei »Kibbel-Kabbel« zum Beispiel wird der »Kibbel«, ein einfaches Stück Holz, das an beiden Enden zugespitzt ist, mit einem Stock von einer Kuhle in der Erde möglichst weit weggeschleudert, und die Gegnermannschaft muss versuchen ihn zu fangen. Klingt gefährlich, meinst du? Stimmt! Deshalb muss man dabei auch gut aufpassen! Vielleicht fragst du einmal deine Großeltern (oder deine neuen Bekanntschaften aus Revolution 09) nach den Spielen von früher und lässt sie dir erklären.

und spielt bis zum Nachmittag. Wer bei einem Spiel Erster wird, bekommt 5 Punkte, der Zweite 3 Punkte und der Dritte einen. Am Ende des Spieletags werden alle Punkte zusammengezählt, und wer die meisten gewonnen hat, wird Olympiasieger der alten Spiele. Er oder sie bleibt es bis zum nächsten Jahr oder bis zu eurer nächsten Olympiade.

Und so sieht dein spezieller Olympiade-Tag aus, wenn du deine Freunde dazu versammelt hast: Jeder von euch macht abwechselnd einmal den Schiedsrichter, wenn die anderen spielen, und vergibt Punkte. Alle dürfen mitmachen und jeder kommt mal beim Spielen dran.

Am besten beginnt ihr morgens

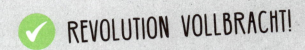# REVOLUTION VOLLBRACHT!

Notiere hier die für eure Olympiade ausgewählten Spiele und die Namen der jeweils ersten drei Sieger.

Spiel	Erste(r)	Zweite(r)	Dritte(r)
......	......	......	......
......	......	......	......
......	......	......	......
......	......	......	......
......	......	......	......
......	......	......	......

WERTUNG

Aufmüpfigkeit ● ● ●

Umweltschutz ●

Die gute Tat ●

Verzicht ● ● ● ● ●

Neuentdeckung ● ● ● ● ●

AUFWAND
Mittel

DAUER
1 Mal

BUCHTIPP
Schöne alte Kinderspiele von Gisela Dürr und Martin Stiefenhofer

REVOLUTION | 39

Kümmere dich um Tiere in deiner Nachbarschaft

Viele Tiere benötigen Hilfe und Schutz. Nicht nur Tiere, die vom Aussterben bedroht sind, sondern auch die, die in deiner nächsten Nähe leben. Nicht immer bemerken wir sie, und nicht immer sind sie hübsch und niedlich. Aber fehlende Niedlichkeit sollte gute Revolutionäre ganz gewiss nicht aufhalten.

Wenn der Winter kommt, können viele Tiere in Not geraten – Vögel zum Beispiel. Hilf ihnen, durch die kalte Jahreszeit zu kommen, indem du ihnen regelmäßig etwas Essbares hinstreust: Maiskörner oder Sonnenblumenkerne, Rosinen oder Haferflocken, am besten jeden Tag an die gleiche Stelle. (Brotkrümel hingegen sind ungünstig, da sie aufblähen und wenig nährreich sind.) Du könntest mit kleinen Schälchen, Bechern und Plastikflaschen eine Futterstelle errichten. Auf *nabu.de*, der Webseite des Naturschutzbundes Deutschland, findest du viele Informationen zur Vogelfütterung.

Du kannst auch persönlich richtig mit anpacken. Mache ein Tierheim für Hunde oder Katzen ausfindig, das von einem Tierschutzverein oder eurer Gemeinde geführt wird. Es gibt in jeder Stadt welche und ihre Adressen und Kontaktdaten kannst du sicher im Internet finden. Gehe dorthin und biete dich für einen Monat als Freiwillige(n) an, um Käfige zu putzen, die Tiere zu füttern oder Hunde Gassi zu führen. Es wird eine wunderschöne Erfahrung sein, wenn du Tiere liebst, und eine lehrreiche, wenn du noch nicht viel mit ihnen zu tun hattest.

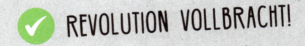

✅ REVOLUTION VOLLBRACHT!

Auf *nabu.de* und anderen Webseiten findest du die nötigen Informationen, um die Vögel benennen zu können, die zu deiner Futterstelle kommen. Klebe hier Fotos von ihnen ein und schreibe darunter, wie sie heißen.

WERTUNG		AUFWAND
Aufmüpfigkeit	●●●	Mittel
Umweltschutz	●●●	**DAUER**
Die gute Tat	●●	1 Mal oder öfter
Verzicht	●●●	
Neuentdeckung	●●●●	

BUCHTIPP
So riecht Glück von David Cirici

REVOLUTION 40

Mache etwas Wohltätiges

Wohltätigkeit bedeutet nicht nur, Geld an irgendeine Organisation zu spenden, die es dazu verwendet, weit entfernten Menschen Gutes zu tun, die wir niemals treffen werden. Wohltätigkeit kann auch darin bestehen, etwas von der eigenen Freizeit zu opfern oder auf etwas zu verzichten, um es jemandem zu schenken, der wenig besitzt.

Verschenke also einmal Sachen, die du nicht mehr benötigst. Lass deine Spielsachen und Kleider aus früher Kindheit nicht im Keller oder in einem Schrank vermodern, nur weil du denkst, dass du sie irgendwann wieder benutzen wirst. Besonders wenn sie in gutem Zustand sind, wirf sie nicht weg, denn es gibt so viele Menschen, die sie gebrauchen könnten! Suche dir eine Organisation, die Kleider und Spielsachen sammelt, reinige und verpacke die Sachen gut und bringe sie dorthin. Sie werden jemandem Freude bereiten, der ärmer ist als du, und dich wird es zufrieden machen, weil du ihm helfen konntest. Du hast die Welt ein klein wenig besser gemacht.

Eine weitere Herausforderung: Vielleicht gibt es in deiner Nähe eine Pfarrgemeinde oder eine gemeinnützige Tafel, wo Essen für Menschen in sozialen Schwierigkeiten zubereitet wird. Warum gehst du nicht einmal dorthin und fragst, ob du beim Servieren helfen kannst?

✅ REVOLUTION VOLLBRACHT!

Liste hier auf, welche Dinge du spenden möchtest, und notiere den Namen der Organisation, zu der du sie hinbringst.

Gegenstand	Organisation
....	....
....	....
....	....
....	....
....	....
....	....

WERTUNG		AUFWAND
Aufmüpfigkeit	●	Groß
Umweltschutz	●●●	**DAUER**
Die gute Tat	●●●●●	1 Mal
Verzicht	●●●●●	
Neuentdeckung	●	

BUCHTIPP

Crenshaw – Einmal schwarzer Kater von Katherine Applegate

REVOLUTION 41

Verändere deine Schule

Deine Schule ist ein äußerst langweiliger Ort? Dann ist es höchste Zeit, daran etwas zu ändern. Schließe dich hierzu am besten mit deinen Schulfreunden zusammen. Als Erstes macht ihr eine Ortsbegehung: Wie sind die Fenster? Zugig und schlecht isoliert? Das bedeutet, dass im Winter viel mehr geheizt werden muss. Wie sehen die Wände aus, die Zimmerdecken? Sind sie in gutem Zustand oder ziemlich heruntergekommen? Nehmt Raum für Raum unter die Lupe, auch das Gebäude von außen, und schreibt einen genauen Bericht über den Zustand eurer Schule. Hängt den Bericht im Eingang auf, damit alle ihn lesen können. Und sobald es eine Verbesserung gibt, aktualisiert ihr ihn.

Es geht nicht darum, nur zu nörgeln und zu kritisieren, sondern darum, Probleme zu benennen und alle zu ermuntern, über mögliche Lösungen nachzudenken – wobei Sicherheit und Umweltschutz wichtige Aspekte sind.

Die Probleme werden mal groß und mal weniger groß sein. Bei den größeren sind die Erwachsenen gefragt, bei den kleineren aber könnt ihr euch fragen: Was können wir selbst tun?

Wenn eure Klassenzimmer euch beispielsweise trostlos und langweilig erscheinen, könntet ihr gemeinsam mit dem Kunstlehrer ein Verschönerungsprojekt starten.

Und wie ist das generelle Klima? Nein, hier geht es nicht ums Wetter, sondern um die Atmosphäre. Ist sie eher heiter und freundlich? Oder gibt es Spannungen unter euch Schülern? Spielt sich einer als der große Macker auf? Gibt es jemanden, mit dem ihr nie ein Wort wechselt? Hier könntet ihr versuchen, selbst eine Lösung zu finden. Bemüht euch um den Kontakt mit den schüchternsten Klassenkameraden und ladet sie ein, bei euren Unternehmungen mitzumachen. Und wenn in der Klasse einer oder eine Mobbing betreibt, dann wehrt euch dagegen und verteidigt diejenigen, die er oder sie im Visier hat. Auch das wird eine Revolution sein, die euch stolz machen wird!

✅ REVOLUTION VOLLBRACHT!

Welche Probleme wollen du und deine Freunde angehen? Was habt ihr genau vor?

WERTUNG		AUFWAND
Aufmüpfigkeit	●●●	Groß
Umweltschutz	●●●	**DAUER**
Die gute Tat	●●●	1 Mal
Verzicht	●●	
Neuentdeckung	●●●●●	

BUCHTIPP
Opferland von Bettina Obrecht

REVOLUTION 42

Organisiere ein Essen mit Gerichten aus aller Welt

Wer sagt, dass man immer das Gleiche essen muss? Warum nicht einmal die Speisenauswahl revolutionieren? Sicher leben in deinem Wohnort Erwachsene und Kinder, die aus ganz verschiedenen Ländern stammen: vielleicht aus Griechenland, Afghanistan, Syrien, der Türkei, aus Russland, Polen, Afrika, China und noch vielen anderen Ländern. Hast du schon einmal eine ihrer Landesspezialitäten gegessen? Nein? Dann solltest du sie unbedingt probieren!

Diese Revolution besteht darin, dass du eine Begegnung verschiedener Weltküchen in deinem Viertel oder deiner Schule organisierst. Auch du selbst sollst eine

Speise dazu beitragen. Bitte deine Eltern, eines deiner Leibgerichte zuzubereiten, und hilf ihnen dabei, sodass du das Rezept auch gleich kochen lernst.

Dann kommt ihr alle an einem Tisch zusammen – vielleicht sogar bei dir zu Hause. Jeder steuert eine Speise bei, und alle dürfen von allem probieren. Es muss nichts Kompliziertes sein, und drei Gänge reichen aus (mit einem Nachtisch!). Wenn das Essen ein Erfolg ist, könnt ihr die Rezepte untereinander austauschen.

Wenn du die Sache größer angehen willst, dann versammele deine Freunde und ihr fragt den Schuldirektor, ob ihr die Turnhalle oder den Pausenhof nutzen

dürft. Danach geht ihr ans Organisieren: Zieht durch eure Klasse und die Parallelklassen und erstellt eine Liste mit möglichen Gerichten. Es muss nicht von jeder Speise genug für alle gekocht werden, aber es wäre schön, wenn jeder zumindest einen kleinen Happen davon probieren kann.

Denkt daran, dass ihr auf einem Schildchen den Namen der jeweiligen Speise vermerkt, und es sollte jemand dabeistehen, der erklären kann, aus welchen Zutaten sie zubereitet wurde. Er könnte auch erzählen, mit welcher speziellen Erinnerung er das Gericht verbindet (»Das hier hat meine Oma immer bei Mondfinsternis gekocht«), mit welchem Märchen (»Der Wolf sagte: Viel besser als Rotkäppchen finde ich diese Crème Caramel!«) oder welcher schönen Legende (»Es heißt, die Vanillepflanze wurde von einem kleinen Jungen entdeckt, der ...«). Macht Fotos von den Gerichten oder von eurem Festmahl und schickt sie an alle, die teilgenommen haben. Es werden bestimmt viele schöne Bilder werden!

✓ REVOLUTION VOLLBRACHT!

Notiere hier, welche fünf Gerichte du beim Probieren am leckersten fandst.

	Name des Gerichts	Hauptzutaten	Land
1)	....	....	....
2)	....	....	....
3)	....	....	....
4)	....	....	....
5)	....	....	....

WERTUNG

Aufmüpfigkeit ●
Umweltschutz ● ●
Die gute Tat ●
Verzicht ● ● ●
Neuentdeckung ● ● ● ● ●

AUFWAND
Groß

DAUER
1 Mal

BUCHTIPP
So isst die Welt von Giulia Malerba und Febe Sillani

REVOLUTION 43

Hilf den Bienen!

Bienen sind ein äußerst wichtiges Glied in der Nahrungskette der Erde. Aber seit einiger Zeit scheint es weniger Bienen zu geben. Manche sprechen sogar davon, dass sie vom Aussterben bedroht sind. Wenn das stimmt, muss schleunigst Abhilfe geschaffen werden – nur, was kann man da tun? Eine ganze Menge, mit geringem Aufwand, wenn man es richtig macht.

Bienen sind Bestäubungsinsekten, das heißt, dass sie sich mit ihrem Flug von Blüte zu Blüte um die Befruchtung von Pflanzen kümmern. Wenn sie wegen der Umweltverschmutzung und aus anderen Gründen aussterben, ist das ein großes Problem, denn dadurch könnte auch die landwirtschaftliche Produktion von Nahrungsmitteln zusammenbrechen. Rund 35 Prozent der globalen Ernährung beruht nämlich auf der Bestäubung durch Bienen und Hummeln. 90 Prozent der weltweiten Nahrungsmittelproduktion entsteht aus ungefähr 100 Anbauarten, von denen etwa 71 auf Bestäubung angewiesen sind. Man kann sich also leicht vorstellen, in welche Schwierigkeiten wir geraten würden, wenn es keine Bienen mehr gäbe.

Das Einfachste, was du tun kannst, um den Bienen zu helfen, ist, etwas anzupflanzen, was sie gern mögen. Tatsächlich gibt es viele Pflanzenarten mit Blüten, die den Bienen Schutzraum und Nahrung bieten.

Zum Beispiel:
Ringelblumen, Wicken, Luzernen, Dill, Borretsch, Rosmarin, Thymian, Lavendel, Sonnenblumen, Malven, Knöterich, Glockenblumen, Löwenmäulchen, Pfefferminze, Salbei, Kapuzinerkresse, Margeriten, Zwiebeln und verschiedene Kleesorten.

Pflanze einige davon in deinem Garten an, auf der Terrasse oder dem Balkon – oder in einem Blumentopf auf deinem Fensterbrett. Gieße die Pflanzen regelmäßig und benutze kein Insektenvernichtungsmittel. Bald wirst du Bienen und Hummeln herumschwirren sehen, die die Blüten besuchen, Nektar sammeln und wiederkommen. Das ist wirklich eine wunderschöne Sache. Du hast einen prächtigen bunten Farbklecks geschaffen, der auch noch nützlich ist, weil er dabei hilft, die Natur zu heilen!

✓ REVOLUTION VOLLBRACHT!

Klebe hier Blütenblätter oder ein Blatt der von dir gewählten Pflanze ein, notiere ihren Namen und das Datum, an dem du sie gepflanzt hast.

WERTUNG		AUFWAND
Aufmüpfigkeit	●	Mittel
Umweltschutz	●●●●●	**DAUER**
Die gute Tat	●●●●●	Langfristiger Verhaltenswandel
Verzicht	●	
Neuentdeckung	●●●	

BUCHTIPP
Calpurnias (r)evolutionäre Entdeckungen von Jacqueline Kelly

REVOLUTION 44

Gestalte Neues aus altem Papier

Wir verschwenden unglaublich viel Papier, indem wir es wegwerfen, obwohl man es eigentlich noch benutzen könnte. Das ist umso bedauerlicher, wenn man bedenkt, dass Papier von Bäumen stammt. Man kann es zwar recyceln, wenn man den Müll entsprechend trennt — und wenn du Revolution 26 durchgeführt hast, weißt du ja, wie das geht. Doch noch bevor es im Müll landet, könnte man es auf kreative Weise wiederverwenden. Jedes Jahr werden Tausende Tonnen von Papier weggeworfen: Bücher werden eingestampft, Zeitschriften und Tageszeitungen landen im Müll, und wir entsorgen Hefte oder Notizblöcke, die noch unbeschriebene Seiten enthalten. Das sind Tausende von Bäumen, die unnötig gefällt wurden. Wenn man 1000 Kilo Zeitungen recycelt, rettet man dadurch 15 Bäume und spart 31 780 Liter Wasser. Es ist also sinnvoll, sich hier zu engagieren.

Beginne die Veränderungen mit einem »Secondhand-Heft«. Schneide aus allen alten Schulheften die weißen Seiten heraus und mache daraus einen Block oder ein Schmierheft, das du in die Schule mitnimmst. Du kannst die Blätter zusammenheften oder -kleben. Außerdem lassen sich auch Blätter weiterverwenden, die nur auf einer Seite beschriftet sind. Du könntest dir zum Beispiel darauf bei deinen Revolutionen Notizen machen.

Oder du stellst Lesezeichen daraus her, indem du die beschriftete Seite zusammenfaltest und zuklebst, damit sie stabiler wird. Anschließend kannst du dein Lesezeichen bemalen. Schon fertig!

Je geschickter du wirst, desto mehr Dinge kannst du herstellen:

- Modisches Zubehör: Beklebe eine alte Tasche mit Streifen aus Zeitungspapier und dann noch mit durchsichtiger Plastikfolie, um sie vor Feuchtigkeit zu schützen. Flicht dünne Papierstreifen zu ausgefallenen Armbändern. Mache am einen Ende ein Loch hinein, damit ein Faden hindurchpasst, mit dem du das Armband befestigen kannst. Male es an und streiche Leim darüber, um es stabiler zu machen.
- Aufbewahrungsboxen: Befestige Küchen- und Klopapierrollen auf einem Stück Pappe und male sie nach Lust und Laune an. So kannst du wunder-

schöne Behälter für Stifte und Ähnliches herstellen.

- Bunte Rahmen: Schneide Formen aus Zeitungspapier oder Pappe aus, klebe sie auf einen hässlichen alten Rahmen und bemale sie nach deinem Geschmack.
- Spielzeug für die Katze: Knote mehrere Papierstreifen an einem Ende zusammen und klebe sie an ein Stöckchen. Damit wirst du jede Katze zu wilden Sprüngen verleiten.
- Schattenspiele: Einen tollen Effekt gibt es, wenn du Figuren (Menschen oder Tiere) auf ein festes Papier zeichnest, sie ausschneidest, an einem langen Stab befestigst und vor einer Lampe bewegst. Damit kannst du ein Schattentheater an der Wand gegenüber aufführen.

Und natürlich kannst du eine ganze Flotte von Papierfliegern herstellen. Welche Form und welche Faltart fallen dir ein? Da gibt es tausend Möglichkeiten!

✓ REVOLUTION VOLLBRACHT!

Schreibe auf, was du aus dem Altpapier bei euch zu Hause alles gebastelt hast.

1) ....
2) ....
3) ....
4) ....
5) ....

WERTUNG		AUFWAND
Aufmüpfigkeit	●●●	Mittel
Umweltschutz	●●●●●	**DAUER**
Die gute Tat	●	Langfristiger Verhaltenswandel
Verzicht	●●●●	
Neuentdeckung	●●	

BUCHTIPP
365 Dinge aus Papier und Pappkarton von Fiona Watt

REVOLUTION 45

Suche und verbreite einmal nur gute Nachrichten

Manche sagen, wenn man sich auf negative Dinge konzentriert, nimmt man am Ende nur Unglück, Probleme und Katastrophen um sich herum wahr. Folglich müsste doch alles in einem besseren Licht erscheinen, wenn wir nur auf positive Dinge achten. Zeitungen und Fernsehnachrichten scheinen sich auf schlechte Neuigkeiten spezialisiert zu haben, denn die Menschen kaufen offenbar mehr Zeitungen, wenn sie sich ängstigen, als wenn sie zufrieden sind. Aber du weißt ja, dass man alles verändern kann. Gehe eine Woche lang auf die Jagd nach guten Nachrichten! Um diese Revolution durchzuführen, brauchst du:

– Zeitungen
– Schere

– Klebstoff

– Stifte

Und so gehst du vor: Nimm täglich mindestens eine Tageszeitung zur Hand. Wenn du keine kaufen willst, findest du sie auch in der Stadtbibliothek. Blättere sie von vorn bis hinten durch und suche nach einer positiven Meldung. Ein junger Kerl hat eine Maschine erfunden, die die Meere säubern kann? Perfekt! Das ist eine gute Nachricht. Deine Suche ist keine leichte Arbeit, denn eine Zeitung zu lesen ist nicht das Gleiche wie googeln. Besonders weil du ja nicht genau weißt, wonach du eigentlich suchst. Deine Lieblingsfußballmannschaft hat gewonnen? Das ist nicht unbedingt eine gute Nachricht. Für dich ist sie gut, aber nicht für die Fans der anderen Mannschaft. Es müssen richtig gute Sachen sein: die unerwartete Heilung eines Patienten, die Rettung eines Schiffbrüchigen, ein unverhofftes Glück oder ein verlassenes Dorf, das wieder zum Leben erwacht …

Es gibt diese guten Nachrichten – du musst sie nur finden!

Und sobald du eine aufgespürt hast, schneide sie aus der Zeitung aus, wenn sie dir gehört, oder kopiere sie. Nach einer Woche klebst du die beste dieser Nachrichten in den grauen Kasten am Ende dieses Kapitels. Und bewahre auch die anderen auf, indem du sie zwischen die Buchseiten hier legst. So hast du eine kleine Sammlung positiver Meldungen, die du immer wieder lesen kannst, wenn die Dinge gerade nicht gut laufen.

Eine weitere Herausforderung: Du könntest einen Monat lang eine Liste positiver Nachrichten erstellen. Notiere jeweils das Datum, den Namen der Zeitung sowie den Titel des Artikels und fasse den Inhalt der Meldung kurz zusammen. So hast du am Ende des Monats eine schöne Geschichtensammlung, die du jedem zeigen kannst, der gerade niedergeschlagen ist oder sich um den Zustand der Welt Sorgen macht. Bringe damit eine Optimismuswelle ins Rollen!

✓ REVOLUTION VOLLBRACHT!

Klebe hier die beste Zeitungsnotiz ein, die du entdeckt hast.

WERTUNG		AUFWAND
Aufmüpfigkeit	●●●	Groß
Umweltschutz	●●	**DAUER**
Die gute Tat	●●●	1 Woche / 1 Monat
Verzicht	●●●	
Neuentdeckung	●●●●●	

BUCHTIPP
Mach deine eigene Zeitung von Geneviève Susemihl

REVOLUTION 46

Lebe eine Woche lang vegetarisch

Zu viel Fleisch zu essen, schadet unserer Gesundheit und über die Viehzucht sogar der Erdatmosphäre. Dazu kommt, dass Tiere vor ihrer Schlachtung oft schlecht behandelt werden. Vielleicht ist jetzt der richtige Moment für dich, Vegetarier zu werden? Zumindest kannst du es einmal eine Woche lang ausprobieren, um herauszufinden, wie es für dich ist.

Keine Sorge, niemand verlangt von dir, dass du sämtliche Essgewohnheiten über den Haufen wirfst. Du darfst weiterhin deine Spaghetti Bolognese genießen, und nichts soll dich daran hindern, herzhaft in ein Salamisandwich zu beißen – *nach* dieser

Woche. Versuche dir in den sieben Tagen nur mal bewusst zu machen, dass wir mit unserem Fleisch- und Fischverzehr nicht wie bisher weitermachen können, wenn wir das Leid von Tieren vermindern und die bedenkenlose Überfischung der Meere verhindern wollen.

Nur Mut, es ist gar nicht so schwer. In unserem Land gibt es inzwischen eine fantastische Vielfalt, was das Essen betrifft. Du verzichtest einfach auf Fleisch und fleischhaltige Produkte (Wurst, Geflügel, Schnitzel, Burger, aber auch Fleischbrühe!) sowie auf Fisch in jeder Form (Fischstäbchen, Thunfischsoße, Lachsnudeln usw.). Aus den übrigen Nahrungsmitteln lassen sich unzählige leckere Gerichte zubereiten.

Was gibt es da noch? Milch, Käse, Nudeln (heute mit Tomatensoße, morgen vielleicht mit Salbeibutter oder grünem Pesto), Reis, Kartoffeln, Eier, Pilze ... Und natürlich Früchte, Salat und Gemüse! Vor allem Hülsenfrüchte bieten viele Proteine, die du sonst über Fleisch aufnimmst.

Nicht zufällig haben viele Schulkantinen in ihrem Speiseplan eine vegetarische Woche eingeführt. Vielleicht kannst du das auch in deiner Schule vorschlagen? Geh mit gutem Beispiel voran, lass dich von deinen Revolutionsgefährten unterstützen, redet über das Thema in der

Familie und in der Klasse. Mach dir nichts daraus, wenn einer sagt: »Was? Du auch noch vegetarisch? Was soll denn diese Mode!« Es ist keine Mode, sondern eine Haltung, die Welt zu verändern, indem man mit einer ganz alltäglichen Sache beginnt.

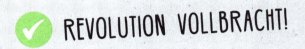

REVOLUTION VOLLBRACHT!

Notiere den Speiseplan deiner vegetarischen Woche. Achte dabei darauf, dass du viel Gemüse isst – am besten in mindestens drei verschiedenen Gerichten.

Tag	Mittagessen	Abendessen
Montag	....	....
Dienstag	....	....
Mitwoch	....	....
Donnerstag	....	....
Freitag	....	....
Samstag	....	....
Sonntag	....	....

WERTUNG		AUFWAND
Aufmüpfigkeit	●●●●	Mittel
Umweltschutz	●●●●	**DAUER**
Die gute Tat	●●●●	1 Woche
Verzicht	●●●●	
Neuentdeckung	●●●●	

BUCHTIPP
Patenkuh Polly von Bernhard Hagemann

REVOLUTION 47

Kaufe einen Monat lang nichts Neues

Vor all den verlockenden Schaufenstern mit ihren wunderschönen funkelnagelneuen Sachen (die allerdings oft auch ganz schön teuer sind) gibt man schnell der Versuchung nach – und am Ende ist die Kasse leer. Lässt sich gar nichts dagegen machen? Doch, natürlich. Du musst Widerstand leisten! Und das schaffst du auch ... zumindest einen Monat lang.

Deine Aufgabe lautet also, dreißig Tage lang nichts Neues zu kaufen. Alte und gebrauchte Sachen aus dem Secondhand-Laden oder vom Flohmarkt sind damit nicht gemeint und es geht natürlich auch nicht um Lebensmittel, sondern um Bücher, Videospiele und Kleider. Du wirst sehen, dass du statt brandneuer Dinge noch ganz andere Schätze entdecken und dabei sogar Geld sparen kannst!

In großen Städten gibt es oft Bücherbasare, wo manche Bücher nur einen Euro kosten. Dort auf die Jagd zu gehen, macht richtig Spaß. Wenn du dich gründlich umschaust, kannst du seltene Funde für wenig Geld nach Hause bringen, hast also ein gutes Geschäft gemacht.

Ein großer Spaß ist es auch, zusammen mit deiner Clique auf eine Computerspiel- oder Comicmesse zu gehen. Außer Cosplayern und interessanten Events wirst du dort sicher auch viele Stände finden, wo man gebrauchte und seltene Games erwerben kann.

Was Kleider betrifft, könntest du mit den abgelegten Sachen deiner älteren Geschwister oder vielleicht auch der Geschwister deiner Freunde einen interfamiliären Secondhand-Tausch veranstalten. Aber es gibt natürlich auch hierfür entsprechende Basare, Trödelmärkte und Secondhand-Läden – man muss nur die Augen aufhalten.

Erzähle deinen Freunden von deinem Monat ohne neue Sachen. Vielleicht bekommen sie ja Lust, bei dieser Revolution mitzumachen.

✅ REVOLUTION VOLLBRACHT!

Liste hier auf, was du im Lauf des Monats alles erbeutet hast.

Was gekauft?	Wo?	Wie viel bezahlt?
1	....	....
2	....	....
3	....	....
4	....	....

Gar nichts gekauft? Noch besser!

WERTUNG

Aufmüpfigkeit ● ● ● ●

Umweltschutz ● ● ● ●

Die gute Tat ● ● ● ●

Verzicht ● ● ● ● ●

Neuentdeckung ● ● ●

AUFWAND
Mittel

DAUER
1 Monat

FILMTIPP
Cast away von Robert Zemeckis

REVOLUTION 48

Befreunde dich mit gleich vielen Jungen wie Mädchen

Die Natur hat uns alle gleich und doch verschieden gemacht, und das ist eine wunderbare Sache. Allerdings – und davon war auch in Revolution 37 schon die Rede – drängt unsere Gesellschaft Kinder oft früh in bestimmte Verhaltensmuster: Kleine Jungs sollen mit Dinos spielen und kleine Mädchen mit Puppen. Das ist schlecht, denn jedes Kind sollte die Möglichkeit bekommen, den eigenen Neigungen zu folgen (und nebenbei: Die spektakulärsten Dinosaurierentdeckungen machte ein zwölfjähriges Mädchen namens Mary Anning in England). Achte also einmal darauf: Wie sieht deine Clique aus? Sind es nur Jungs oder nur Mädchen? Führe eine Revolution in deinem Freundeskreis durch, sodass sowohl Mädchen als auch Jungen darunter sind. Davon werden alle profitieren!

Reine Jungsgruppen verwenden viel mehr Schimpfwörter und stellen häufig nicht allzu schlaue Sachen an, die wir hier lieber nicht aufzählen wollen, da wir uns im Rückblick immer noch dafür schämen. Reine Mädchengruppen sind für uns Autoren ein echtes Rätsel, aber wenn wir uns die Cliquen unserer Töchter anschauen, kommt es uns vor, als ob sie alle außerhalb ihrer Gruppe komplett ignorieren würden, und das ist ebenfalls nicht besonders schön. Also:
Mischt eure Gruppen und kümmert euch nicht um Rollenbilder!

✅ REVOLUTION VOLLBRACHT!

Liste hier die Namen deiner engsten Freunde auf und finde heraus, ob es mehr Jungen oder Mädchen sind.

WERTUNG		AUFWAND
Aufmüpfigkeit	●●●●	Groß
Umweltschutz	●	**DAUER**
Die gute Tat	●●●	Langfristiger Verhaltenswandel
Verzicht	●●	
Neuentdeckung	●●●●	

BUCHTIPP
Die Mississippi-Bande von Davide Morosinotto

REVOLUTION 49

Betrachte die Erde mit den Augen eines Aliens

Das hier ist eine lustige und fantasievolle Revolution. Sie erlaubt dir, die Dinge aus einer ungewöhnlichen Perspektive zu betrachten. Stelle dir einmal vor, du wärst ein auf der Erde notgelandeter Alien. Ein Wesen, das nicht das Geringste über die Menschen weiß und alles mit neugierigen Augen betrachtet. Beobachte, was deine Eltern und Geschwister machen, und versuche zu verstehen, warum sie es so machen, ohne es für selbstverständlich zu halten. Vielleicht kommst du dadurch den Dingen tiefer auf den Grund und durchschaust Sachen, die die Erwachsenen dir nicht erzählen.

Ergründe, wie menschliches Tun

zusammenhängt, warum man erst das eine und dann das andere macht. Das Verhalten des Menschen hat sich im Lauf der Evolution entwickelt. So gehen wir zum Beispiel, indem wir zunächst die Ferse und dann den Ballen auf den Boden bringen. Wir verlagern unser Körpergewicht auf eine sichere Stelle und setzen dann erst den Rest des Fußes auf. Falls wir auf ein Hindernis stoßen, haben wir so noch genug Zeit, unsere Position zu korrigieren. Ist dir das schon einmal aufgefallen?

»Vergessen musst du das, was früher du gelernt«, sagt Meister Yoda in *Star Wars* zu Luke Skywalker. So sollst du es auch machen. Sieh deinem Bruder dabei zu, wie er den Tisch deckt, und überlege, warum er welche Bewegungen macht. Beobachte die Finger deiner Mutter, wenn sie den Fernsehkanal wechselt, und versuche zu verstehen, wie die Fernbedienung funktioniert. Ziehe einen Mitrevolutionär hinzu. Ihr könntet über etwas ganz Einfaches ein Video drehen: zum

Beispiel wie sich dein Vater in der Küche ein Brot schmiert. Beobachtet ihn, notiert euch jede kleinste Geste und ergründet sie. Wenn es euch gelingt, alle Details wahrzunehmen und die Frage »Aber warum macht er es denn so und nicht so?« zu beantworten, dann habt ihr verstanden, wie man die Welt mit anderen Augen sieht. Diese Erfahrung hilft euch, eine für alle Revolutionäre wichtige Fähigkeit zu trainieren: Ihr dürft euch nicht mit dem äußeren Anschein zufriedengeben, sondern solltet die Dinge immer hinterfragen und den eigenen Kopf und die eigene Wahrnehmung dafür benutzen.

REVOLUTION VOLLBRACHT!

Ergründe die Bezeichnung fünf verschiedener Gegenstände bei dir zu Hause. (Zum Beispiel heißt der »Vorhang« so, weil er »vor« etwas »hängt«.)

Gegenstand	Erklärung
1	....
2	....
3	....
4	....
5	....

WERTUNG

Aufmüpfigkeit ● ● ●
Umweltschutz ●
Die gute Tat ● ●
Verzicht ● ● ●
Neuentdeckung ● ● ● ● ●

AUFWAND
Mittel

DAUER
1 Mal

FILMTIPP
E.T. – Der Außerirdische von Steven Spielberg

REVOLUTION 50

Die letzte Revolution: Ein Tag ohne »Nein«

Oft haben wir zu etwas Bestimmtem keine Lust, wollen es aber gleichzeitig allen recht machen. Ablehnende Antworten werden häufig nicht gut aufgenommen und gelten als unhöflich, obwohl es völlig in Ordnung ist, Nein zu sagen. Das Problem liegt weniger darin, ob man Ja oder Nein sagt, als darin, dass man sich oft nicht bewusst macht, ob man auch wirklich Ja meint und ob unser Nein ein überzeugtes ist oder nur so dahingesagt. Genau das sollst du in dieser letzten Revolution testen, indem du einmal einen ganzen Tag lang auf das Nein verzichtest. Wir garantieren dir, dass du hinterher mit einem Lächeln auf den

Lippen »Nein« und mit voller Überzeugung »Ja« sagen kannst. Und wenn du zu denen gehörst, die ständig Nein sagen, wird es eine schöne Herausforderung für dich sein!

Nein zu sagen heißt nicht einfach, sich zu verweigern und störrisch zu sein. Man drückt damit seine persönliche Haltung aus und nimmt seine eigenen Rechte wahr. Um zu verstehen, welche Macht unser Ja oder Nein besitzt, verzichte einen Tag lang auf das Nein ... und du wirst staunen!

Halte es vom Aufwachen bis zum Schlafengehen durch – und keine Tricks: Auch schriftlich ist das Nein nicht erlaubt, genauso wenig wie ein Kopfschütteln oder eine entsprechende Geste mit der Hand. (Auch kein englisches »No!«.) Und damit es nicht ganz so leicht ist, sollte es ein Schultag sein.
Achtung, es gibt jedoch eine Ausnahme: Falls irgendein Schlaumeier dein Geheimnis durchschaut

hat und dir eine Fangfrage stellt (wie zum Beispiel »Schenkst du mir dein ganzes Geld?«), dann darfst du die Revolution für einen Moment unterbrechen. Auch wenn es sich um echte Notfälle handelt.

Nicht Nein zu sagen, muss nicht zwangsläufig heißen, dass man Ja sagt! Du kannst versuchen, dich herauszuwinden, wenn es um etwas geht, was du nicht gern tust, oder wenn du in Schwierigkeiten geraten könntest, aber in allen anderen Fällen solltest du zustimmen. Wirst du etwa gefragt: »Willst du in Mathe freiwillig an die Tafel kommen?« oder »Möchtest du von dem gesunden Brokkoligemüse?«, dann bleibt dir keine Wahl.

Nun viel Glück! Und mit dieser Revolution sind wir am Ende angelangt.

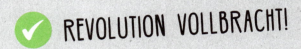

✓ REVOLUTION VOLLBRACHT!

Notiere hier die heikelsten Fragen, die dir gestellt wurden.

1) ....
2) ....
3) ....
4) ....
5) ....

WERTUNG		AUFWAND
Aufmüpfigkeit	●●●●●	Mittel
Umweltschutz	●	**DAUER**
Die gute Tat	●	1 Mal
Verzicht	●●●●●	
Neuentdeckung	●	

BUCHTIPP
Ich hätte Nein sagen können von Annika Thor

WAS FÜR EIN(E) REVOLUTIONÄR(IN) BIST DU?

Du hast dieses Buch gelesen, es benutzt und es vielleicht sogar zerfleddert. Du hast Ideen in Taten umgesetzt. Du hast gelernt, kleine Revolutionen in Gang zu setzen (die gar nicht mal so klein sind). Manche waren erfolgreich, andere weniger. Du bist aktiv geworden, manchmal allein, manchmal zusammen mit Freunden. Du bist gegen eine Wand gelaufen, mehr oder weniger heftig, und hättest dir vielleicht sogar noch mehr wehtun können. Aber diesen Preis zahlt jeder, der Gutes bewirken will. Möglicherweise bist du jetzt auch wütend, weil dir Dinge aufgefallen sind, die du nicht gut findest. Dinge, von denen dir niemand etwas erzählt hatte. Aber es gibt noch viel mehr zu entdecken, weshalb wir doch noch nicht ganz am Ende angelangt sind.

Der Moment ist gekommen, noch einmal alles aufzurechnen und dich zu fragen, was für eine Revolutionärin oder was für ein Revolutionär du geworden bist. Denn indem man etwas verändert, verändert man auch sich selbst.

Jetzt, wo du weißt, dass du imstande bist, anders zu handeln, und auch andere von einer guten Sache überzeugen kannst, willst du sicher damit weitermachen. Selbst wenn niemand sonst etwas ändert, weißt du jetzt, dass du als Erste(r) damit beginnen kannst. Gib nicht auf, wenn du dich traurig, mutlos und allein fühlst. Mache weiter oder beginne immer wieder von Neuem, gute Dinge zu tun. Du hast es selbst in der Hand.

Schau im Buch die Revolutionen durch, die du durchgeführt hast, und zähle die Punkte zusammen, die du mit der jeweiligen Wertung erhalten hast. Dann lies die kurzen Porträts revolutionärer Persönlichkeiten auf den folgenden Seiten und entdecke, welcher von ihnen du am meisten ähnelst. Vielleicht inspirieren sie dich dazu weiterzumachen!

Wenn du die meisten Punkte bei AUFMÜPFIGKEIT gesammelt hast:

Dann wirst du vielleicht einmal so viel Entschlossenheit besitzen wie **Rosa Parks,** die sich im Jahr 1955 weigerte, ihren Platz im Bus für einen Weißen freizugeben. Bis dahin war es allen Fahrgästen mit schwarzer Hautfarbe verboten, sitzen zu bleiben, wenn eine weiße Person keinen Platz fand. Von diesem Augenblick an begann die schwarze Bevölkerung der Stadt einen großen Busboykott, der ein wichtiger Anstoß für die amerikanische Bürgerrechtsbewegung war.

Oder du wirst wie **Nelson Mandela** sein, der der erste schwarze Präsident Südafrikas wurde, nachdem er gegen die Apartheid aufbegehrt und dafür 27 Jahre lang im Gefängnis gesessen hatte.

Wenn du die meisten Punkte bei UMWELTSCHUTZ gesammelt hast:

Vielleicht hast du einmal ein so turbulentes und abenteuerliches Leben wie **Rémi Parmentier**, der die Organisation »Greenpeace« mitbegründet hat. Er hat sich später von ihr getrennt, um allein weiter für die Umwelt zu kämpfen.

Oder du begibst dich in die Fußstapfen von **Vandana Shiva**, einer äußerst aktiven indischen Umweltschützerin, die gegen die Patentierung von Saatgut und Pflanzen kämpft und sich dafür einsetzt, dass die großen Biotechfirmen der Welt mit ihrer Gentechnologie ethischen Standards folgen müssen. Dafür hat sie den »Alternativen Nobelpreis« (den *Right Livelihood Award*) erhalten.

Wenn du die meisten Punkte bei DIE GUTE TAT gesammelt hast:

Dann inspiriert dich vielleicht das Beispiel des Arztes und Schriftstellers **Jean-Christophe Rufin**, zuletzt französischer Botschafter im Senegal und in Gambia, der die Organisation »Ärzte ohne Grenzen« gründete und mit dem gleichen Engagement tolle Bücher geschrieben hat.

Vielleicht auch **Marie Curie**, die polnische Wissenschaftlerin, die vor etwa 150 Jahren geboren wurde und gleich zweimal einen Nobelpreis erhielt. Als echte Revolutionärin studierte sie heimlich, und während des Ersten Weltkriegs entwickelte sie einen Röntgenwagen, um nahe der Front verwundete Soldaten zu behandeln.

Wenn du die meisten Punkte bei VERZICHT gesammelt hast:

Vielleicht wirst du die zukünftige **Naomi Klein** sein. Weltweit bekannt wurde die Kanadierin durch ihr Buch »*No Logo*«, in dem sie die Übermacht der globalen Marken und Firmen kritisiert. Seither hat sie mit weiteren Büchern, Artikeln und Dokumentarfilmen ihr entschiedenes Engagement fortgesetzt.

Oder du folgst dem Beispiel von **Serge Latouche**, einem französischen Ökonomen, der als Erster vorschlug, weniger zu konsumieren und lokale Produkte zu bevorzugen statt solcher, die erst um die halbe Welt reisen, ehe sie in unserem Kühlschrank landen.

Wenn du die meisten Punkte bei NEUENTDECKUNG gesammelt hast:

Ein Vorbild für dich könnte **Nellie Bly** sein, die als eine der ersten Investigativjournalisten Ende des 19. Jahrhunderts wirkte. Sie stellte sich geisteskrank, um in einer Nervenheilanstalt für Frauen in Manhattan heimlich über die dortigen Zustände zu recherchieren (was einen Skandal und den Rauswurf des Direktors zur Folge hatte). Und damit nicht genug, forderte sie alle Männer heraus, indem sie innerhalb von 72 Tagen allein um die ganze Welt reiste – acht Tage weniger als Phileas Fogg!

Oder du lässt dich von **Morgan Spurlock** inspirieren, der wichtige Dokumentarfilme gedreht hat. Mit »*Super Size Me*« hat er uns als einer der Ersten deutlich gemacht, wie wenig wir über das wissen, was wir da essen, wenn wir in einen Burger, ein Brathähnchen oder Pommes frites hineinbeißen.

In welchem Bereich auch immer du die meisten Punkte gesammelt hast – eine Sache wirst du ganz sicher über Revolutionen gelernt haben: dass Nichtstun und Däumchendrehen keine Option sind. Dass die Welt nicht unser Sofa ist, auf dem uns nur noch die Fernbedienung oder ein Joystick zum Spielen fehlt. Klar, Sofas, Fernsehen und Computerspiele sind eine schöne Sache. Aber es ist auch schön, einmal etwas völlig anderes zu tun. Sich für etwas zu interessieren, worüber man noch nicht viel weiß. Etwas zu tun, was Spaß macht und Mühe bereitet, bei dem man sich vielleicht schmutzig macht und das tausend Fragen in uns weckt – und von dem wir am Ende stolz sind, dass wir es getan haben, weil es unsere Welt ein bisschen besser macht.

Das hoffen wir zusammen mit dir.

Pierdomenico und Federico

VERZEICHNIS DER REVOLUTIONEN

1   Verzichte auf den Kauf von Wasserflaschen aus Plastik

2   Merke dir zu jedem Land der Welt ein Wort

3   Probiere einmal einen traditionellen Beruf aus

4   Erstelle eine Geräuschekarte deiner Stadt

5   Schalte das Handy aus

6   Schicke deinem Nachbarn einen Gruß

7   Gründe ein digitales Erste-Hilfe-Team

8   Begleite deine Eltern einmal zur Arbeit

9   Mache ein paar Selfies mit alten Leuten

10   Verringere deinen CO_2-Fußabdruck

11   Sammle Spenden für einen guten Zweck

12   Besuche ein Grab auf dem Friedhof

13   Mache eine Wanderung von mindestens zehn Kilometern

14   Schmökere in einem Wörterbuch

15   Frage einmal einen Lehrer oder eine Lehrerin, wie es ihm oder ihr geht

16   Gib den Ball ab, auch an Schwächere

17   Hör dir einen Song von früher an und lies ein altes Buch

18   Entdecke die Umstände deiner Geburt

19   Mache deine Stadt sauberer

20   Recherchiere etwas ohne Wikipedia

21   Verbreite keine Unwahrheiten und halte auch andere davon ab

22   Lass dir vom Bürgermeister drei Versprechen geben

23 Führe einen Tag des Lächelns ein

24 Lass dir nichts von der Mode diktieren

25 Lass dir von älteren Menschen aus ihrem Leben erzählen

26 Werde zum glühenden Mülltrenner

27 Spiele Videospiele – in der Gruppe

28 Tausche Bücher und Comics

29 Überwinde eine deiner Ängste

30 Verbringe einen Tag ohne elektrisches Licht

31 Versuche, an einem Tag nur zwei Liter Wasser zu verbrauchen

32 Gründe eine Bank der Gefälligkeiten

33 Iss nur das, womit du dich selbst versorgen kannst

34 Verwende Dinge wieder

35 Lebe eine Woche lang wie in den Achtzigern

36 Versuche, ohne Auto auszukommen

37 Mache fünf Dinge, die typisch für das andere Geschlecht sind

38 Organisiere eine Olympiade der alten Spiele

39 Kümmere dich um Tiere in deiner Nachbarschaft

40 Mache etwas Wohltätiges

41 Verändere deine Schule

42 Organisiere ein Essen mit Gerichten aus aller Welt

43 Hilf den Bienen!

44 Gestalte Neues aus altem Papier

45 Suche und verbreite einmal nur gute Nachrichten

46 Lebe eine Woche lang vegetarisch

47 Kaufe einen Monat lang nichts Neues

48 Befreunde dich mit gleich vielen Jungen wie Mädchen

49 Betrachte die Erde mit den Augen eines Aliens

50 Die letzte Revolution: Ein Tag ohne »Nein«

Ausführliche Informationen über
unsere Autoren und Bücher
www.dtv.de

Von Pierdomenico Baccalario ist bei dtv junior außerdem lieferbar:
50 Abenteuer, die du erleben solltest, bis du 12 bist

Deutsche Erstausgabe
2019 dtv Verlagsgesellschaft mbH & Co. KG, München
© 2018 Editrice Il Castoro, Milano
Titel der italienischen Originalausgabe:
›Il manuale delle 50 (piccole) rivoluzioni per cambiare il mondo‹,
by Pierdomenico Baccalario and Federico Taddia.
Illustrations by AntonGionata Ferrari.
First published in 2018 by Editrice Il Castoro, viale Andrea Doria 7,
20124 Milano (Italia) www.castoro-on-line.it
Based on an idea by Book On A Tree Ltd www.bookonatree.com
Graphic layout: Davide Canesi/PEPE nymi – Art director: Stefano Rossetti
© der deutschsprachigen Ausgabe:
2019 dtv Verlagsgesellschaft mbH & Co. KG, München
Dieses Werk wurde vermittelt durch die
Michael Meller Literary Agency GmbH, München
Umschlagbild: Ramona Wultschner
Lektorat: Ulrike Schuldes
Gesetzt aus der Rustling Branches Moon
Satz: KompetenzCenter, Mönchengladbach
Druck und Bindung: Tesínská Tiskárna, Tschechien
ISBN 978-3-423-76270-0